In Touch 触って学ぶ

目の見えない子どもが世界を発見するために

著　アンス・ウィザーゲン
リーケ・ハインズ
アンネケ・ブロク
アンネケ・ベッテン
アネリーズ・ブルマイヤー
モニーク・ムル
リリアン・オステルラーク

監訳　佐島　毅
福田奏子

ジアース教育新社

触感
親指／指先を動かす・擦る

量感
包み込む

重さ
持ち上げて動かす

形
輪郭をたどる

硬度
押す

温度
受動的触知

図1　トランポリンを跳ぶ女の子　P15

図3　タッチマット　P25

図4　「Hand-under-hand guidance」
ハンド・アンダー・ハンドガイダンス

P27

図5 自作の家と灯台 P36

図6 秋の展示 P42

図7 自作のタッチボード P43

図8 ジャムの瓶の蓋を外す P43

図10 砂ふるいの機能を発見する P58

図12　小さなクッションを持った男の子　P65

図13　タクチュアルプロファイルボックス　P67

図14　ツイスター　P70

図16　ベビーサークルマット　P72

図17　スカーフやおもちゃの付いたアーチで遊ぶ　P73

図18　異なる触り心地のおもちゃ　P74

図19・20　同じポーズをするゲーム
P76

図 21　ラグの上で引きずられる子ども　P76

図 22　自然の材料　P78

図 24　バランスボードで
バランスを保つ
P80

図 25　手すり付きのトランポリン
P82

図 27　一緒にサーカスゲームをする　P82

図 32　生地にビーズ
を通す
P86

図 30　ビーズの迷路　P86

図 31　ボールを転がして遊ぶ家の
おもちゃ　P86

図33　スナップロックビーズとマジックテープ　P87
　　　のヘビ

図34　じゃばら折り　P88

図35　「Cosmic catch ball」コスミックキャッ　P90
　　　チボール

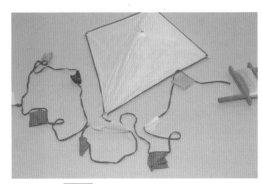

図36　凧　P91

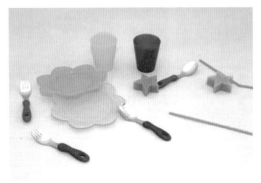

図37　同一のペアを認識する　P94

図39　ボタンのコレクション　P96

図40　自作パズルの例　P97

図41　タッチメモリー　P98

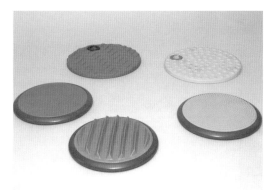

図 45　ステッピングタイル　P104

図 47　パスタの中のおもちゃ　P107

図 51　ブラシとトゲのあるおもちゃ　P110

図 53　タッチマット　P114

図 55　洗車：テールランプを洗っていますか？　P116

図 60　農場ゲーム　P121

図 61　スマーフゲーム　P121

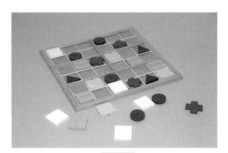

図 62　「Symboku」　P122

図 65　あなたの T シャツはどこにありますか？　P126

図 70　触覚防御の場合に触ると不快に　P134
　　　なる可能性のある有形の素材

図 76　黄色いものをもつ女の子　P167

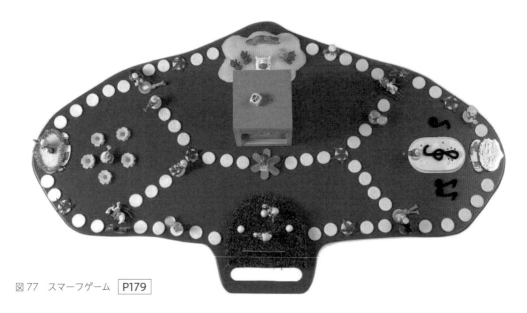

図 77　スマーフゲーム　P179

著者まえがき

　私は、『In Touch　触って学ぶ―目の見えない子どもが世界を発見するために―』を紹介できることをとても誇りに思います。この本のメインテーマは、触覚による知覚です。私は長年、目の見えない子どもたちが世界をどのように認識しているのかに関心を寄せてきました。部屋の端にある魅力的な色のおもちゃを見つけてそれを手に入れることは、彼らにとっては不可能なことなのです。部屋の中にあるものは、必ずしも彼らの興味関心を惹きつけるわけではありません。目の見える子どもと違って、目の見えない子どもには、身の回りのものに触れる喜びを味わうことが必要です。たとえば、「お母さんのジャンパーはどんな感じ？やわらかくて気持ちいいかな？」と言いながら、今日は何か刺激的なものを身に着けているかもしれない、違うビーズのネックレスかもしれない、もしかしたらイヤリングもつけているかもしれない、というように触る体験を重ねるごとに、子どもの世界は広がっていきます。

　成長するにつれて盲児は、私たちが経験する視覚の世界とは異なる、独自の触察経験を蓄積していきます。しかし、そのようなときにも私たちは、子どもが体験していることに意味を見出すことができるように、その独自の世界のいわば旅路に、寄り添い伴走することが大切なのです。廊下にある布のついた棒は、目の見えない子どもには傘とはわからないでしょう。また、この傘を広げれば雨をしのげるということも、わからないでしょう。目の見える子どもは、雨が降り始めると人々が傘を開き、「小さな屋根」を頭の上にかざして歩き続けるという情報を、周囲を見渡すだけで容易に理解することができます。目の見えない子どもたちには、このようなことを説明する必要があるのです。

　何年か前、小さな女の了に「傘って、どんなものだと思う？」と尋ねたことがあります。すると彼女は「棒の上に丸いものがついていて、雨を受け止めるためのものだよ」と言いました。傘がどんなものか、かなり正確に理解しているようでしたが、傘が開いた状態を具体的に説明してもらうと、彼女は「棒があって、ここが雨を受け止める丸いところだよ」と答えながら、両手を広げてその意味を示しました。彼女は、傘が開いた状態について、まるで台風の時のように布地がひっくり返った開き方をイメージしていたのです。つまり、持ち手を下にした状態で、丸い布地の部分は、ひっくり返って開いており、バケツのように雨を溜めることができる大きなボウルのようなものだと理解していたのです。これまでの彼女の水に関する経験からすれば、これは理にかなった説明であると思います。ですから、親や先生方は、できるだけ多くの触覚体験を子どもに与えるだけでなく、そのひとつひとつの意味を正しく理解させなければならないのです。

「タクチュアル・プロファイル 」(Tactual Profile)

　10 年ほど前、私は多くの同僚と「タクチュアル・プロファイル」というプロジェクトを立ち上げました。また私たちは、専門家が、視覚障害児の触覚の発達を評価・観察できるように、同じ名前のアセスメントツールを考案しました。その後、盲児の養育者、指導者、教師向けに「Feel Free」という活用法の本を出版しました。この本には、触覚の発達を刺激する方法についてのア

イデアや提案がたくさん詰まっています。そして今回、この本ができました。この本は、盲児の最も大切な存在である両親向けに書かれたものです。

タクチュアル・プロファイルは、オランダ障害者協会（VGN）の「Disabled Healthcare Award 2008」を受賞し、その資金をこの本の制作費に充てました。さまざまな意味で、内容の充実した一冊になったと思います。

謝　辞

まず第一に、私たちのプロジェクトを可能にした素晴らしい賞を授与してくださった VGN に感謝します。

また、この本のためにインタビューに応じてくださったご両親に感謝します。このような濃密で、時には辛い胸の内を語ってくださったことのひとつひとつが、本書の素晴らしい物語の基礎となっています。

私たち、そして読者と経験を分かち合おうとしてくれたご両親のみなさん、本当にありがとうございました！

また、本書を彩る写真の数々にも、快く参加してくれた子どもたちや保護者の皆さん、ありがとうございました。足がつりそうになるような姿勢をとってもらうなど、「情熱的なコーチ」が何人もいて無理なお願いをしたにもかかわらず、子どもたちはめげることなく頑張ってくれました。

また、本書の実践編を執筆してくださった方々にも、心からの感謝とお礼を申しあげます。Anneke Betten、Anneke Blok、Annelies Buurmeijer、Monique Mul、Lilian Oosterlaak は、本当に仕事が忙しいにもかかわらず、熱意と誠実さをもってこの仕事に取り組んでくれました。執筆にあたっては、本書の最も重要な読者は、「子どもたちの親」であるということを念頭に置きました。

また、執筆の過程で重要な指摘をして下さった人たちにも感謝します。Anke Hamelink、Ingrid Pelgrum、Leanne Vermeer：あなたたちの指摘はすべてきちんと受けとりました！

Lieke Heins は、本書の理論的な部分を編集し、私の文章を親や専門家でない人にも読めるようにまとめてくれた貴重な存在です。また、両親へのインタビューを編集し、本書の C パートにあるような素晴らしいストーリーに仕上げてくれました。Gerben de Boer、Heleen Deymann、Frits Grevink、Renske Koornstra の各氏も、この本の編集に貢献してくれました。ありがとうございました！

最後になりましたが、本書の執筆のために何人もの人に自由に時間を使って良いと言ってくれた Royal Dutch Visio に感謝したいと思います！

2010 年 3 月　　アンス・ウィザーゲン

監訳者まえがき

　この本は、オランダで視覚障害児・者向けに教育やリハビリテーション、就労サービス、グループホーム、デイケアサービスなどを提供している Visio の専門家たちが、目の見えない子どもを育てる保護者を第一の読者と考えて、触覚の特性や触覚を通した学び方について長年の経験をもとに執筆した本です。

　パート A の理論編では、触覚に関する心理学の内容を、一般の読者にも伝わるように日常の具体例を交えながら平易な言葉で解説されています。パート B の実践編では、子どもの触覚の発達を促す関わり方や教材の工夫の仕方などについて、豊富な具体例と写真を通して紹介されています。パート C の個人編では、盲児の保護者が子育てにあたってどのようなことを工夫してきたか、その思いを知ることができます。このように、理論的な内容と、それをどのように実践するかということ、そして盲児の子育てを日々されてきた保護者の実体験がバランスよくまとめてある本は、あまり見られませんので、その点でも大変貴重な本だと思います。盲児の触る世界や学び方を深く理解できる内容で、これを読むと幼い頃から大人になるまでに、このようなことを経験させてあげたいということが明確にイメージできます。盲児を育てている保護者の方にはもちろんのこと、盲児の指導に関わる教育者、支援者、研究者、学生にもぜひ読んでいただきたい本です。

　プロジェクトの中心となってこの本を執筆されたアンス・ウィザーゲン先生は、盲学校教員を40年近く経験するとともに、研究も40年にわたり続けており、盲児の触覚機能について博士号も取得されています。事物の特定における触覚の方略やその効率性、触覚のアセスメントなどについて多くの心理学的研究を発表されています。この本には、アンス先生の長年の教職経験から生活と学びに根ざした触る世界の深い理解が紡ぎ出されており、かつそのことが心理学的に裏付けられ、わかりやすく解説されています。視覚障害は対象児が少ない障害種であり、触り方には個人差も大きく見られるため、それを体系化してアセスメントできるツールを開発された背景には多くの労力を要したと思います。それを成し遂げられたのは、アンス先生の視覚障害児の世界を理解したい・色々な人に理解してほしいという並々ならぬ情熱があったからこそと思います。アンス先生は、2019 年に翻訳メンバー4人がオランダを訪問した際にも、4日間の盲学校見学の日程をマネジメントしてくださり、ご自宅にも招待してくださいました。アンス先生と出会えたこと、そして触って学ぶことへの思いを分かち合えたことは、私をはじめとした翻訳メンバーにとって、研究生活や教員生活が変わる機会となりました。本書の翻訳を喜んで下さり、文章のニュアンスについて度々質問しても親身に解説してくださったこと、進捗状況と翻訳メンバーの健康をいつも気にかけて下さったことに心より感謝申し上げます。最後に、翻訳権の手続きを含めて、本書の刊行に辛抱強くお世話をいただいた、ジアース教育新社の加藤勝博社長と舘野孝之編集部長、春原雅彦様には、この場を借りてお礼を申し上げます。

2023 年 11 月　　福田奏子（宇都宮大学）

目　次

はじめに

『In Touch　触って学ぶ—目の見えない子どもが世界を発見するために—』は、目の見えない子どもを持つご両親に、盲児が触覚を通してどのように世界を捉え発達していくのかについて知っていただくことを目的としています。また、盲児にとって重要な感覚である触覚について、さまざまな角度から包括的に解説しています。本書が、子どもと一緒に世界を発見する旅に出るきっかけになれば幸いです。

　本書は、大きく3つのパートに分かれています。パートAの第1章では、触覚と触覚の発達の理解に役立つ基本的なことについて説明しています。第2章では、盲児が外界を理解するための手段としての触覚の重要性について述べています。なるべくわかりやすいように、具体例を挙げながら説明を加えました。第3章では、子どもの触覚の発達に影響を与えるさまざまな要因について説明しています。また、盲児の触覚の発達を促すのに役に立つ方法についても、紹介しています。

　パートBには、触覚の発達を促すアイデア、ヒント、素材、活動について紹介しています。内容は「タクチュアル・プロファイル」（Tactual Profile）に倣っていますが、最初の3つのカテゴリーは、読みやすいように、名前を変えています。このパートは、本書の中で最も内容が充実しています。紹介されている活動の多くには、盲児と一緒に遊べるように、具体的な写真が添えられています。提案されているアクティビティの多くには、子どもと一緒に遊ぶのに使える素材の写真が添えられています。可能な限り、子ども自身が実際にモノ・素材に触れている写真を使用するよう心がけました。

　パートCでは、盲児の子育てを経験した4組の親のインタビューを紹介しています。
　最初に、それぞれ家庭の家族の状況について尋ね、そのあと、この本のメインテーマに関連するさまざまなことを質問しました。たとえば、「盲児に新しい知識をどのように伝えるか」といった質問です。ある状況や概念について、両親は普段どのように説明しているのでしょうか。また、より実際的な質問として、家庭生活でどのような工夫をしたのか、あるいは工夫する必要はないと思ったのか。最後に、余暇活動や手芸のアイデアなど、盲児が楽しむことのできるさまざまなヒントを紹介しています。

　パートDは、視覚障害児の子育てお役立ち情報、参考資料、用語集で構成されています。

　本書は、最初から読み進める必要はなく、3つのセクションの好きなところから読んで構いません。遊びや活動を紹介している実際的な内容は、理論的な背景を読んでいなくても全く問題なく読むことができます。このことは、インタビューについても同様です。
　本書が、少しでも、今、目の見えない子どもを育てている親の心のよりどころ、そして手助けになれば幸いです。

図1　トランポリンを跳ぶ女の子

第 1 章

触るということについて

図 2

旅人

　息を切らしながら駅に着くと、中央のホールは人で溢れていました。汗が顔をつたい、心臓が波打つ程、私は急いでいました。電光掲示板には、アムステルダム行きの次の電車が2番線ホームから出発する、と書かれています。発車時刻まで、あと2分しかありません。コーヒーでも飲みたいところですが、とにかく急がなくてはなりません。

　おしゃべりしながら歩く女の子たちや、のんびりと歩く集団を追い越しながら、広いホールをジグザグに歩いていきました。重い旅行かばんが足にぶつかり、歩きにくくて仕方ありません。ホームに通じる階段が通行止めになっていたので、エレベーターを使うことにしましたが、大荷物を持った人でいっぱいです。なんとか1人分のスペースが空いたので乗りこむと、ちょうど扉が閉まりました。エレベーターが、どんどん上がっていくのを感じます。

　ホームに着くと、そこは、凍えるような寒さでした。2番線と書かれた標示の下で旅行かばんを下ろすやいなや「アムステルダム行きの電車は、5分遅れています。7番線ホームから数分後に出発します」というアナウンスが聞こえました。私は、ため息をつきながら旅行かばんを持ち直し、再びエレベーターへと向かいました。しかし、既に人でいっぱいだったので、仕方なく反対側にある階段を使うことにしました。

　階段を使う人もまた多く、左右の手すりは、使えそうにありません。私は、仕方なく階段の真ん中を通ることにしました。旅行かばんの重みで、肩が痛くなってきました。バランスをとるのも一苦労です。その時、誰かが後ろからぶつかってきて、私は、旅行かばんを落としてしまいました。旅行かばんは、階段を一段ずつ転がっていきます。一番下まで落ちると、中から本や服が飛び出しました。「あっ、ごめんなさい」と、女性の声がしました。かがんで拾い集めている間、彼女の香水の香りがしてきました。私は、すべて拾ったかどうか最終確認をしてから、旅行かばんを閉じました。

　旅行かばんを持ち直し、7番線への階段を駆け上がります。そこへ、さっき私にぶつかった女性が来て、コーヒーの入ったカップを私に差し出しました。「本当にすみませんでした。よかったらコーヒーでもどうぞ」と言われたので、私は、笑顔で受け取りました。一口飲むと、コーヒーの香りが体内に流れ込み、カップの温かさが感じられ、とてもリラックスした気分になりました。列車があと1分で発車するという時のことでした。

文：Renske Koornstra

1.1　感覚、それは外界への架け橋

　感覚を通して、私たちは、瞬時にあらゆる種類の情報を手に入れます。感覚によって、外界を理解することができます。それぞれの感覚がそれぞれの役割を果たし、一体となることで「外界への架け橋」ができあがるのです。先程の物語の中で、旅人は、電光掲示板を「見」たり、列車が遅れていることを告げるアナウンスを「聞」いたりしました。また、コーヒーやぶつかった女性の香りを「嗅」ぎました。さらに、コーヒーを「味」わいました。

　私たちには、視覚、聴覚、嗅覚、触覚、味覚以外にも、たくさんの感覚があります。たとえば、筋肉からの情報を知覚し、身体が空間のどこにあるのかがわかる固有感覚や、バランス感覚、前庭感覚、痛覚、そして温冷覚などの感覚です。先程の物語の中で、旅人は、肩を痛がっていました。それは、旅行かばんの重さを物語っています。そして、バランス感覚は、エレベーターが上がるにつれて重力が加速することに気づかせ、上がりきって止まる直前に、胃に浮遊感を感じさせます。そのため、私たちは、筋肉を通してエレベーターがそろそろ止まることを感知し、足の裏で踏ん張ることができるのです。

＜知覚情報＞

　私たちの神経は、感覚からの刺激と呼ばれる情報を受け取り、それを処理します。しかし、情報を受け取るためには、まずそれを知覚しなければなりません。刺激は、たとえば動きなどの変化が起こった時に知覚されやすくなります。鳥が木の枝にとまっていても、動かない状態ではなかなか見つけられないかもしれませんが、一度飛び立てば、簡単に見つけることができるでしょう。

　私たちは、知覚した情報を、すでにもっている知識と知らず知らずのうちに結び付けています。これによって、意味付けをすることができるのです。新鮮なコーヒーの香りを嗅いでそれをアロマのように感じる人にとっては、コーヒーの香りは魅力的ですが、胃の痛みを思い出す人にとっては、決してそうではないでしょう。コーヒーの香りを嗅いだ時に、以前にコーヒーを飲んだ時のことを思い出し、それが自分にとって魅力的かそうでないかを判断するのです。このように、何かに意味付けをすることを「ラベリング」といいます。ラベリングは、主観的なもので、一人一人の個別の経験や知識と結び付いてなされます。

＜遠感覚と近感覚＞

　私たちの感覚は、その特性から「遠感覚」と「近感覚」に分類することができます。視覚と聴覚は「遠感覚」、触覚と味覚は「近感覚」に分類されます。嗅覚は、近感覚に分類されますが、おそらく両方の特性をもつ感覚と言えるでしょう。たとえば、店で売られているフライドポテトの匂いを、かなり遠くからでも感じることができるからです。

　感覚の中には、他の感覚に比べて気づきやすいものと、意識しないとなかなか気付かないものがあります。多くの人にとって、視覚は、他の感覚に比べて優位で最も重要な感覚

です。全体の状況を一目で把握することができるので、私たちは視覚に頼りがちになります。そのような「視覚的優位性」は、乳児の初期の発達段階では、あまり現れないのですが、成長するとともに次第に顕著になってきます。

　感覚を一つでも失うと、外界を捉える方法に影響が出ます。盲児が物や空間をイメージする方法は、視覚に障害のない子どものそれとは異なります。盲児は、視覚以外の感覚を用いて情報の不足を補わなくてはなりません。

遠感覚

聴覚　　　　　視覚

近感覚

肌を通した感覚　　嗅覚　　　　味覚　　　前庭感覚　　　固有感覚
　　　　　　　　　　　　　　　　　　　　（平衡感覚）　（深部感覚／位置感覚）

1.2　触覚

　私たちは、情報を収集するために、身体のさまざまな部位を使うことができます。たとえば、手や足の両方を同時に使って、知覚することができるのです。目や鼻、そして耳と比べてみると、触覚は、最も大きな感覚と言えるでしょう。さらに言うと、手のひらと顔は、刺激に対して最も敏感な部分です。

　生後しばらくは、触覚が最も優位な感覚です。触覚からの情報は、瞬時に感じられるため、大人になっても重要な役割を担い続けます。だんだんと成長するにつれて、視覚に障害のない子どもにとっては視覚が主要な感覚になりますが、盲児にとっては、触覚が依然として重要な役割を担います。

　盲児の触覚の発達を促すためには、特別な指導と訓練が必要不可欠です。保護者や指導者は、触覚刺激に富んだ環境を意図的に用意しなくてはなりません。

1.3　触覚の種類

　触覚には、皮膚的なものと固有感覚的なものの２つがあります。「皮膚的接触」とは、

接触の感度や皮膚を通して刺激を知覚することを言います。このような知覚の方法は、たとえば、点字を構成する小さな点を識別するのに大きな役割を果たします。

「固有覚的接触」とは、関節や腱、そして筋肉を通して、身体の位置やその動きに関する情報を得ることを言います。盲児が身の回りの環境を探索する時に頼りにしているのは、この感覚です。それによって、たとえば、積み木を積み上げて作った2つの塔の高さの違いがわかるのです。盲児にとって、距離、物と物との間の空間、物の相対的な位置、そして身体の位置を理解するためにも「固有覚的接触」が必要です。白杖を使う時には、白杖の先端から入ってきた情報が筋肉に伝わり、固有覚的接触が起こります。白杖を使うことで、地面の性質（硬さや柔らかさなど）を感じ、障害物が何であるかを理解することができきます。白杖と物体がぶつかり合うことで引き起こされる振動が手まで伝わり、その振動から情報を得ることができるのです。

触覚情報の伝わり方　　　触覚情報の伝わり方には、次のようなものがあります

皮膚的接触 = 皮膚を通して刺激を知覚する（真皮＝皮膚）。

固有覚的接触 = 関節や腱、そして筋肉を通して刺激を知覚する。

1.4　触覚の機能

発達の初期段階において、母親や父親、あるいは主に養育してくれている人などに抱かれている時にも、触覚は重要な機能を果たします。穏やかな動きや暖かさ、そしてある程度の圧力が組み合わさることで、子どもは安心感を得ます。抱っこひもは、抱える人と子どもの体をぴったりと密着させ固定することができる安全な道具の一つです。また、ハンモックの揺れも、子どもに触覚的なフィードバックを与える優れものなのでおすすめです。

触覚による知覚は、皮膚的接触および固有覚的接触とは別の観点からも区別されます。それは「防御」と「弁別」システムです。防御システムは、何かに触れている、とか、触れられている、ということを私たちに知らせます。また、危険なことを察知すると、それを回避するように指示を出します。「あ！これは熱い！二度と触れないほうがよい」というような感じで、警戒システムとして機能するのです。それに対して、弁別システムは、「ざらざら」や「つるつる」といった質感を区別し、触れているものの性質を教えてくれます。

赤ちゃんの頃には、触覚は、防御システムとしての役割が大きく「生存」のために働きます。そのため、幼い子どもでも、知らない誰かに触られそうになった時に「気を付けて！誰かに触られそうになっている」と察知し、体を引いたり反らしたりすることができるのです。触った経験が少なく、理解力が未発達な段階では、それが安全なものか危険なもの

かを判断することができません。そのため、生存のための防御システムは、とても大切です。

　4歳頃になると、触っても安全かどうかを判断することができるようになってくるため、防御システムだけでなく弁別システムも機能してきて、両者のバランスが取れるようになります。さらに成長するにつれて、防御システムは、だんだんと重要性を失っていき、代わりに弁別システムが活躍します。そのタイミングで、子どもは、周りの環境を探索し始めます。弁別システムは、探索の中で出会う「転がったり、落ちたり、時には音を立てたりする」さまざまな物についての情報を子どもたちに与えてくれます。

触覚の役割　　**防御システム** = 何かに触っている、何かに触られているということを私たちに知らせることで、私たちの安全を守り、危険から回避させてくれる。

弁別システム = 触っている物の性質や機能（たとえば、温度や質感の違いなど）についての情報を与えてくれる。

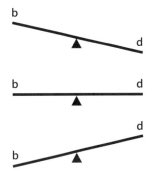

生まれてから4歳までの間は、生存が第一優先の目的であるため、防御システムが優位に働く。

4歳になると、システム間のバランスがとれ、触っているものが何かをより明確に理解し始める。

8歳になると、触覚発達は、終了する。弁別システムが優位になり、感じていることを正確に区別できるようになる。

b = 防御システム　　d = 弁別システム

1.5　刺激に対する反応

　子どもの防御システムは、時に過剰に危険なシグナルを発することがあります。この状態は「触覚防御」と呼ばれます。触られている（触っている）感覚を不快または苦痛と感じた時に、手を引っこめたり体を反らしたりして逃げようとすることを言います。触覚防御は、特に保育器で長時間過ごした未熟児によく見られます。この行動は、触覚の発達に重大な悪影響を及ぼすため、それを減らしていくように働きかけなくてはなりません。特に盲児は、触ることを通して環境から多くの情報を受け取るため、防御システムよりも弁別システムが優位に働くことが重要です（2.4 参照）。

<触覚の過敏性>

　触覚防御には、2つのタイプがあります。1つ目のタイプは、触覚刺激に対して触覚の過敏性（触覚自体が過敏であること）があることや、あるいは過剰な反応が表れる場合です。このタイプの子どもは、正常な範囲での刺激を、不快な刺激や痛みと受け取ってしま

うことがあります。このような過敏性は、身体のあらゆる所に表れうるのですが、特定の場所に限って表れることもあります。

　手のひらや指先、頭、口の周りの部分、そして足の裏は、特に過敏性が表れやすい場所です。触覚防御の特性をもつ子どもは、触ったり触れられたりすることを避けようとします。そうなると、彼らが世界を広げる機会は、制限されます。不快な刺激や痛みの多い状況は、彼らに緊張を与え、集中力の低下をもたらすのです。

＜触覚の鈍麻性＞

　２つ目のタイプは、触覚刺激に対する触覚の鈍麻性（触覚自体の感度が低いこと）、あるいは低反応性が見られる場合です。この場合、刺激を感じ取ることが難しいので、たとえば物を非常に強く身体に押し当てるなどして、より強力な触覚体験を求めるようになります。このような子どもは、一般に、表面が硬い・粗い物を好み、意識的または潜在的に自分自身を傷つけてしまうことがあります。

＜行うべきこと＞

　触覚防御の兆候が見られる場合は、早期療育指導員、理学療法士、または作業療法士に相談してみましょう。どのように対応するべきかを一緒に考えてくれます。

刺激に対する反応

刺激に対する過敏性	触覚刺激に対する感度が高く、通常の刺激を不快あるいは苦痛なものと感じる。そのため、物に触れることを避けるようになる。
刺激に対する鈍麻性	触覚刺激に対する感度が低く、触覚からの情報を得にくいため、より強い刺激を求めるようになる。

1.6　触り方

＜能動的触知と受動的触知＞

　触覚によって得られる情報は、触り方によって異なります。触り方には、何かに触れた時に手を動かさない状態で知覚する受動的触知と、手を能動的に動かして知覚する能動的触知の２つがあります。

　受動的触知では、温度を感じることはできますが、どのような物を触っているかは、はっきりと把握することはできません。どのような物を触っているかを把握するためには、能動的触知を行わなくてはなりません。子どもは、物を能動的に触り「これは丸い形？転がるのかな？このちょっと変わった小さな穴は、何だろう？指を入れられるかな？」などと探索することによって、物に関するあらゆる情報を集めることができるのです。

触り方

触感
親指 / 指先を動かす・擦る

量感
包み込む

重さ
持ち上げて動かす

形
輪郭をたどる

硬度
押す

温度
受動的触知

<触り方の発達>

　乳幼児期から、物に関する情報を得るための典型的な探索の仕方が見られます。生後数ヶ月間は、主に口を使って探索し、しばらくすると手も一緒に使い始めます。成長するにつれて、手と口の組み合わせは見られなくなり、主に手のみで探索が行われるようになります。

　音の鳴るおもちゃ（ガラガラなど）を探索する子どもを見ていると、触り方がどのように発達するのかがわかります。初めは、ベビーサークルの中を動き回っている時に音の鳴るおもちゃに偶然触れます。このような経験を通して、自分で音の鳴るおもちゃを見つけられるようになります。そして次第に、音の鳴るおもちゃを口に持っていったり、手を使ったりして探索するようになります。ある時期になると、おもちゃの細部に注意を向け始め、持ち手やベルの構造を調べ始めます。また、小さなベルやビーズを回すことで、おもちゃを操作することの楽しさを発見します。大人が、音の鳴るおもちゃを鳴らしてあげて、子どもの注意をひきつけるのもよいでしょう。

　微細運動の能力が発達するにつれて、触り方は、より洗練されていきます。この本のパートB（実践編）では、触覚の発達を促す方法について説明しています。

<物に関する特定の情報を得ようとするときの触り方>

　心理学者であるスーザン・レーダーマン（カナダ出身）と彼女の同僚のロベルタ・クラツキー（アメリカ出身）は、触覚を通して、物の性質に関する情報がどのように得られるのかということについて研究を行ってきました。そして、物の硬さを確かめるときには、

みな同じような触り方をするということが明らかになりました。また、重さを確かめるときには、硬さを確かめるときとは異なる手の動かし方をしていることを発見しました。触探索のパターンに関する最近のオランダの研究によると、視覚障害（盲と弱視）のある子どもと大人における物の触り方には、多くの共通点があることがわかっています。左ページの写真は、大人が物に関する特定の情報を得ようとするときの触り方（レーダーマンは、探索手続き（Exploratory Procedures；EP's）と呼ぶ）を示しています。このような触り方は、潜在的に行われます。すなわち、無意識的に手の動きを変えながら物の特性について学んでいくのです。熱いか冷たいかを確かめるときには、ほんの少し触れます。硬さや柔らかさを知りたいときには、物を押します。形や大きさの情報を得る場合には、両手で包みこみます。

　タッチマット（図3）を使えば、幼児にさまざまな触り方を発見させ、その発達を促すことができます。タッチマットの活用に関する研究によれば、長期間タッチマットを使用した療育を行うことで、触る力が向上し、より高次な触り方ができるようになるようです。

図3　タッチマット

触覚によって知覚できる物の性質

1	振動	速い	←——→	遅い
2	表面の構造	粗い	←——→	滑らかな
3	湿り / 乾き度	湿った	←——→	乾燥した
4	表面の温度	熱い	←——→	冷たい
5	形	複雑	←——→	簡単
6	角度	急な	←——→	平らな
7	曲率	曲がった	←——→	まっすぐな
8	硬さ / 柔らかさ	硬い	←——→	柔らかい
9	重量	重い	←——→	軽い
10	弾性	弾性	←——→	剛性
11	柔軟性	柔軟	←——→	硬い

1.7　触覚の特徴

　前に述べたように、触覚は、身体の表面全体を覆っているという特徴があります。神経は、身体の末端までありますが、すべての部分が同じように敏感なわけではありません。ある部分は、他よりも多くの触覚の受容体があるため鋭敏です。たとえば、指先と口は、とても敏感で、それらを使うことで細部まで知覚することができます。乳幼児は、額や頬などの敏感な部分を使いながら、いろいろな物に触れていきます。

＜継時的な知覚＞

　視覚を使えば、部分的な情報と全体的な情報を同時に得ることができます。このように、瞬時に部分と全体の情報が得られることを「同時的な知覚 (simultaneous perception)」と言います。触覚では、目で見た時のように瞬時に「1つの大きな画像」として情報を認識することができないため、探索に時間をかけなければなりません。その場合、情報は、次から次へと小さな断片として脳に入ります。そのように、少しずつ断片的な情報を得ていくことを「継時的な知覚 (sequential perception)」と言います。継時的な知覚の場合、脳に入ってきた断片的な情報をひとつひとつ組み合わせていかなければなりません。そのため、触覚は、視覚よりもはるかに記憶力を必要とします。たとえば「車」という新しいものを覚える時、視覚に障害のない子どもは、ひと目でそれを認識できますが、盲児は、形や大きさなどについて少しずつ調べて覚えていきます。また、触覚は、記憶力だけでなく集中力も必要とします。そのため、探索を阻害されるようなことがあると、一部の情報が抜け落ち、最終的な物の認識が歪んでしまうのです。

　視覚の場合、ひと目で認識できると言っても、瞬時にそのすべてを覚えることができるわけではありません。ミラーがいくつ付いているかなどの細かい情報を得るためには、それなりの見方をしなければなりません。視覚は、ひと目で物の全体像を捉えることができるため、細かい情報に気付きにくいのです。触覚は、その逆で、触った部分から少しずつ像を捉えていくため、細かい情報に気付きやすいのです。

　チェスを例に挙げて考えてみましょう。視覚に障害のない人は、だいたいの駒の位置をひと目で認識することができます。しかし、全盲の人は、駒の位置を一つずつ触りながら記憶し、自分や相手が駒を動かすたびに、その記憶を修正する必要があります。そのためには、集中力だけでなく、空間認知能力や記憶力が必要不可欠です。

　聴覚による知覚も、触覚と同様に継時的です。音がどの順番で耳に入るかということは、とても重要です。言葉や音の順番が変わると、混乱してしまいます。この点では、触覚と聴覚とは異なります。触覚の場合、子どもがどのような順番で物を探索しても、最終的には、同じ結論が出ます。たとえば、お弁当箱を探索する時に、ふたから触り始めて、その次に箱を触るとします。どのような順番で触っても、それがお弁当箱であるということに変わりはありません。

＜三次元知覚＞

　触覚による知覚は、三次元を同時に捉えることができます。どういうことかというと、物を両手で包み込むように触ることで、前からも後ろからも「見る」ことができる、ということです。これは、視覚では、できないことです。たとえば、おもちゃの家の後ろ側に窓が付いているとして、それは、手で探索すればすぐに発見できます。しかし、目で見つけるためには、おもちゃの家の向きを変えなければなりません。手のひらサイズの小さな物であれば、視覚よりも触覚からの方が「総合的な情報」を得ることができます。

　視覚に障害のない人は、全盲の人が世界を三次元で捉えているということをあまりよくわかっていません。地図や、算数・数学で学ぶ図などのほとんどは、もともと三次元のものを二次元に変換したものです。算数・数学では、立方体は、常に二次元のものとして描かれていて、正面から見えない背面の輪郭は、点線で表されています。全盲の人にとって、立方体は三次元のものなので、二次元のものとして置き換えて理解するのは、簡単なことではありません。彼らは、二次元のさまざまなシンボルマークや、算数・数学で学ぶ図が何を表しているのかということを学ばなければならないのです。視覚に障害のない人にとっては、日常生活においてイラストなどは重要な情報源であり、交通標識やウェブサイト、そして駅にもたくさんのイラストがあることは言うまでもありません。しかし、全盲の人にとっては、それを理解するのは簡単ではないということです。

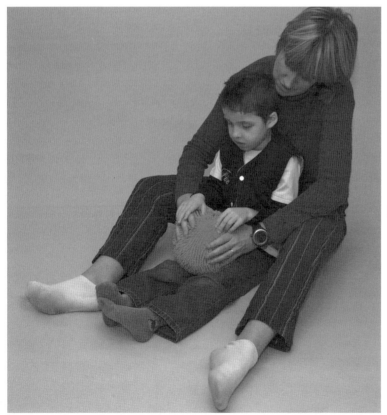

図4 「Hand-under-hand guidance」ハンド・アンダー・ハンドガイダンス

脚注：「ハンド・アンダー・ハンドガイダンス」とは、指導者の手を子どもの手の下に重ねて、動作や触り方を教える方法です。指導者の手を子どもの手の上に重ねる方法もあります（「ハンド・オーバー・ハンドガイダンス」）。ハンド・アンダー・ハンドガイダンスは、ねじをひねったりコマを回したりするような動作を教える時に有効です。

1.8　「対人的な接触」の形態

　触覚は、情報を得るためだけでなく、周囲の人と関わるためにも使います。握手やハグ、そしてキスはすべて「対人的な接触」です。この段落では、対人的な接触の例をいくつか挙げます。指導者は、盲児に何かを説明するために、対人的な接触をします。たとえば「ハンド・オーバー・ハンドガイダンス（"hand-over-hand guidance"）」では、指導者の手を子どもの手の上に重ね、探索を誘導します。子どもによっては、「ハンド・アンダー・ハンドガイダンス（"hand-under-hand guidance"）（図４・脚注）」の方を好むので、子どもに確認しましょう。触ることに恐怖感がある子どもにとっては、後者の方が安心です。直に触ってみたくなれば、指導者の手の端からちょっとだけ「覗け」ば良いですし、怖くなれば元の場所に手を引っ込めたら良いのです。自分で触る物を選ぶことができるので、特に触覚防御のある子どもには、おすすめの方法です。

　よく知られているもう一つの対人的な接触といえば「保護のための接触（"protective touch"）」です。何かを守るためにする接触です。たとえば、転倒しないように階段を上っている子どもの背中を支えるのは、保護のための接触と言えます。握手については、「社会的な接触（"social touch"）」の節に書かれています。

　「親密な接触（"Intimate touch"）」とは、親密さを表すためにする接触です。愛情のこもったハグや肩を抱くことなどは、親密な接触の例です。「娯楽的な接触（"recreational touch"）」とは、楽しませるための接触で、たとえば、子どものお腹をくすぐるようなことです。

　それから「育成の接触（"nurturing touch"）」があります。これは、子どもと親との間に絆を築くための接触で、膝の上に乗せて揺らしたり、抱きしめたりするようなことです。

盲目の旅人

　私は、ホームまで続く点字ブロックをたどりました。おしゃべりする声や騒々しいアナウンス、そしてたくさんの足音などが混ざり合い、壁や天井にぶつかってはね返ってきます。背中にはリュックサック、手には白杖を持っています。駅は人で溢れ、みんなそれぞれに走りながら通り過ぎていきます。私は、時間に余裕をもって家を出てきたので、走る必要はありません。

　白杖で、床を叩いて音を立てながら歩きます。この反響音が、まっすぐ歩けているかどうかの手がかりです。残念ながら、ほとんどの人は、この反響音の意味をわかっていません。もちろん、道を空けてくれたりはしません。ですから「すみません。通ります」と、私か

ら声をかけます。

　列車がどのホームから出発するかは、あらかじめ調べてきたので知っています。2番線ホームは、コーヒーショップの左側にある2つ目の階段を上ったところにあります。ですから、コーヒーの香りをたよりに進みます。ここでコーヒーを買いたくなるのですが、ホームでも買えるので、しばらく我慢することにしましょう。

　2つ目の階段に近づいた時、白杖が何かに当たりました。何か大きな障害物があるようです。ホームからの風を感じるので、ここが階段であることに間違いはないはずです。私は、手を伸ばして、その障害物が何かを確かめます。厚い板から足が突き出ているような構造で、まるで大きな門のようです。その門のような物は、階段の入り口を完全に塞いでいます。その時、男の人が「ここは、通れませんよ。エレベーターを使ってください」と教えてくれました。私は、駅の構内図を頭に思い描きます。この門のような物が階段の正面にあるのだとしたら、エレベーターは、通路をはさんだ反対側にあるに違いありません！

　おしゃべりしながら歩く女の子たちにぶつからないように気をつけて、混雑した通路を反対側まで進みます。たどり着くと、そこは、エレベーターを待つ人でいっぱいでした。なんとか押し流されながらエレベーターに乗ると、濡れたコートの匂いや、いくつかのシェービングクリームの匂い、そして香水の香りが漂ってきました。この中に女性が一人いるのでしょう。ぎゅうぎゅう詰めになってきた辺りで、いよいよドアが閉まったようです。だんだんと速度が低下して、エレベーターがホームに近づいてきたことがわかります。停止するとすぐにドアが開き、ホームからは、冷たい風が吹いてきました。私は、新鮮な空気を吸い込みます。その時、そばからハイヒールの音が聞こえました。「カツカツ」と、エレベーターの反対側に向かって歩いていくように聞こえました。私もそちらに行きたかったので、点字ブロックを見つけるまで、ハイヒールの音をたよりに進むことにしました。

　2階建ての列車が駅に到着したようです。すると突然「偶然だね、キース！一緒に乗ろうよ。コーヒーでもどう？」と話しかけられました。友人のジョンです。いつの間にか、ハイヒールの音は聞こえなくなっていました。ジョンは、コーヒーを買いに行ったままなかなか帰ってこないので、私は、車体に手を這わせながら歩いてドアを探しました（そうすると、いつも私の手からは、一日中鉄の嫌な臭いがするのですが）。電車に乗ると、ジョンがやって来ました。向かい合って座れる席を探して歩き回り、ようやく見つけて座りました。5セント硬貨や2セント硬貨などが入っている財布の中から、20セント硬貨を探していると、列車が動き始めました。コーヒーの香りも漂ってきます。

文：Renske Koornstra と Gerben de Boer

第 2 章
盲児が外界を
理解することについて

2.1　盲児の知覚

　私たち人間は、身の回りの環境を知ろうとする時に、ありとあらゆる感覚を使います。それらの感覚はどれも、物についての情報や概念を得るために必要不可欠です。聴覚によって振動や反響、そしてそれらが出す音を、視覚によって物の形や大きさ、そして色を知ります。さらに、嗅いだり舐めたりすることで、匂いや味を知ることもできます。触覚では、視覚と同じように物の形や大きさを知ることはできますが、色については知ることができません。しかし、触ることで、手ざわりや温度を知ることができます。

　感覚を通して得た情報を基に、私たちは「概念」を獲得します。たくさんの概念をもつと、世界が広がります。概念を獲得することを「概念化」と言いますが、盲児と視覚に障害のない子どもとの間では、その過程が異なります。なぜかと言うと、自分から離れた場所にある物やすぐそばにある物を認知する方法が異なるからです。たとえば、視覚に障害のない子どもは、窓ガラスと鏡を簡単に見分けますが、盲児の場合はどうでしょう。ある全盲の女の子から聞いた次の話を読めば、そのことがよくわかります。

　「私には、窓ガラスと鏡を見分けることはとても難しいことです。触るとどちらも同じものに感じられるのです。2つともつるつるしていて、少しひんやりしています。目が見えている人たちは、鏡で自分の顔を見ることができるけど、鏡の向こう側を見ることはできないということを、私は今は知っています。反対に、窓ガラスは向こう側が見えるとい

うことも知っています。しかし、触って理解する私の感覚では、２つの違いを見分けるのは、本当に難しいことです。以前、私が一人で外にいる時に、母が窓ガラス越しに見ていて、私が何をしていたのかを知っていた時は、本当に驚きました。」

　視覚に障害のない子どもにとって、窓ガラスと鏡の違いは一目瞭然なのですが、盲児にとってはわかりにくいのです。盲児にとっては、どちらも、つるつるとした冷たい物です。窓ガラスと鏡のように、触覚以外に識別可能な手がかりがない状況で、物の機能の違いに気付くことは、とても難しいことです。直接経験することができるのであれば、盲児もそのような違いに気付くことができるでしょう。窓ガラスの前に立っていれば、窓越しに相手に見られますし、鏡の前であればそのようなことはありません。視覚的な経験ができない盲児にとって、このような違いを理解することは簡単なことではないということです。

2.2　経験の重要性

　盲児の世界を広げるためには、あらゆる支援が必要です。言葉による支援も必要ですが、それだけを行うのは好ましくありません。なぜかと言うと、一つの言葉が複数の意味をもつことがあるからです。

　例として「泳ぐ」という動詞を挙げます。人間の場合、泳ぐ時には身体の一部が水中にありますが、魚の場合、身体全体が水中にあります。さらに、アヒルの場合には、身体が水面よりも上にあります。それは、船も同じです。また、同じ動きであっても、アヒルの場合は「泳ぐ」と言い、船の場合は「航行する」と言います。また、船の全体が水中にある場合には、何と言えば良いでしょうか。そもそも「浮く」ことと「沈む」ことの違いは、何でしょう。池の底に横たわることを「沈む」と言うのでしょうか。ヒラメやエイのような魚の場合を考えてみると、それらは「沈ん」だからそこにいるのでしょうか。視覚に障害のない子どもには、写真や映像を見せながら説明することができます。池に行って実際に見せることもできますし、港に遠足に連れて行くこともできます。しかし、盲児に説明するためには、私たちは何か別の方法を考えなくてはなりません。

　物に関する知識を獲得させるためには、経験をさせることが一番有効です。経験を積み重ねることで、概念も積み上がっていきます。早期療育指導員は、できるだけさまざまな場所に子どもを連れて行きましょう。ショッピングセンターに行けば、そこでたくさんのお店を探検することができます。パン屋では、パンをスライスする機械を触らせてもらえるか（もちろん、慎重に）聞いてみましょう。薄くスライスされたパンは、別々に焼かれているのではなく、元々は一つのパンだということがわかるでしょう。

　こうした活動は、かなり早い時期から取り入れることができます。乳幼児期は、遊びを通して学ぶ時期であり、周りの目を気にして恥ずかしがることもないので、さまざまな経験をさせる良い時期です。年齢が上がると、恥ずかしいという気持ちが勝り、公共の場で何かを体験することが難しくなることもあります。みんなの注目の的になりたくないので

す。

2.3　言葉と概念

　言葉を分類する方法は、たくさんあります。ここでは、窓ガラスと鏡の（違いに気付きにくいという）話からわかる、視覚障害児の概念形成や経験の特徴といった観点から、以下のように分類しました。

カテゴリー：
- 「触れる」言葉（たとえば、靴下、ボール、本）：身近にあって、触ることのできる物・対象・事象に関する言葉
- 「触れない」言葉（たとえば、馬、アパート、雲）：触ることのできない、あるいはそれ自体を触って全体を把握することが難しい物・対象・事象に関する言葉
- 抽象的な言葉（たとえば、時間、アイデア）

　これらのカテゴリー間の違いは、必ずしも明確ではありません。盲児一人ひとりの経験の違いによって、同じ言葉でも違うカテゴリーに分類されます。たとえば「馬」は、農場で暮らす子どもにとっては「触れる」言葉で、町に住んでいる子どもにとっては「触れない」言葉です。

＜「触れる」言葉＞

　幼児の場合、自分に必要なものや毎日の習慣に関係のある概念から獲得していきます。視覚に障害のない子どもは、経験を重ねていくうちに、自然と「触れる」概念を獲得します。しかし、盲児の場合、そうはいきません。情報が断片的だと、正しい概念を形成することができないのです。

　ゴミ箱を例に挙げましょう。子どもは、それがゴミを捨てる場所であることを知っています。しかし、捨てた後の一連の流れを見せなければ、そこには無限にゴミを入れられ、そのゴミは勝手に消えていくものだと思うかもしれません。

　このような誤解が生じるのを防ぐために「ゴミの一生」を理解させましょう。まず、ゴミ袋の交換を手伝わせることから始め（空間認知能力が高くなければ、なかなか難しいですが）、次に口を結んだ袋を大きなゴミ箱に捨てに行かせます。その後、ゴミ収集トラックのもとへと連れて行きましょう。さらに、ゴミ集積所へも行くのです。そうすることでやっと、盲児はゴミ箱の概念を獲得することができます。

同一物の多様性

　名前は同じでも、物によってさまざまな形や大きさをしている物があります。たとえば、盲児は、初めのうちは２つの取っ手が付いているプラスチック製の物のことだけを「コッ

プ」と呼びます。陶器でできていている物があることや、1つしか取っ手がないものもあることを知らないのです。

　同じように、卵焼きとサンドイッチにスライスされて挟まれているゆで卵が、どちらも同じ卵であるということになかなか気付きません。手にすっぽりと収まる殻付きの卵とサンドイッチの卵が同じだということは、盲児にとってはとても信じられないことなのです。同様に、盲児にとって4本の脚で床に立っているイスと倒れているイスとでは、ずいぶん違って感じられ、とても同じものとは思えません。

　概念の一般化には、とても複雑な過程があるため、盲児に対してはそれを促す支援が必要です。両親や先生は、盲児が同一の概念の多様性を実感できるような体験の機会を設けなくてはなりません。

　その体験とは、次のようなことです。

　「あなたはズボンを履いています。　パパもズボンを履いているけど、パパのズボンはとても大きいし、あなたのとは別の生地でできています。確かめてみましょう。ポケットはありますか？ポケットは中に縫い付けられていて、隠れているのです。あなたのポケットは、外側に付いていますね。」

　このように、両親や先生は、物と物との類似点を発見させます。盲児がそれに気付いたならば、その概念を説明します。たとえば「コップというのは、レモネードなどの液体を注ぐことができる物で、取っ手が付いているから持つこともできる」といったことや、「椅子は、座るための家具である」というような説明をすることが、盲児における概念の一般化を促していくのです。

その他の経験

　概念の中には、それほど複雑ではないものもあります。たとえばボールは、とてもわかりやすく獲得しやすい概念です。ボールという物が、持つことができて転がる物だということに盲児もすぐに気が付きます。

　しかし、盲児と視覚に障害のない子どもとでは、物に対しての捉え方が全く違います。たとえば、視覚に障害のない子どもはボールを投げたり、それを追いかけたりすることを楽しみます。一方で、盲児は、ボールは投げたら戻ってこない物だと考え、落とさないように気をつけようとするのです。このように、目の見えない子どもと目が見える子どもとでは、同じ物でも全く異なる捉え方をします。

「フローティング言語」

　保護者や指導者は、盲児が話しているのを聞いて、その言葉の意味を完全に理解できていると思いがちですが、必ずしもそうではありません。その小さな誤解が、子どもの世界観を歪め、誤った結論を導くこともあるのです。

　これまでは、話をしていても言葉の意味理解が十分ではない盲児に対して「無意味な言

葉」を使っている、とか「バーバリズム」であるということが言われてきました。近年、オランダではそれを「フローティング言語（floating language）」と呼んでいます。物の特徴をある程度捉えてはいるが情報が不完全な言語、という意味で使います。この本の序文に出てきた、傘について答えてくれた少女の例を思い浮かべてみてください。

「視覚障害児による言葉の理解に関するフローティング言語その他のなぞなぞ」（Zweeftaal en andere raadsels in het woordbegrip van blinde kinderen）の著者クララ・リンダースは、目の見えない子どもがどのようにして言葉の理解を深めていくかについて、詳しく述べています。

＜「触れない」言葉＞

「触れない」言葉は、それ自体を捉えたり手の中に包み込んだりすることができないため、盲児にとって習得することが難しい言葉です。細部にわたって探索することができなければ、盲児が包括的な概念を形成することはできません。このような言葉について説明する時には、子どもが既にもっている知識と関連付けることが重要です。

小さいものから大きいものへ

たとえば「都市」のような概念は、どのように説明したら良いのでしょう。子どもにとって最もわかりやすい手立ては、家の周りから説明を始めることです。

インタビューをした保護者の中には、家という物の構造を理解させるために、子どもたちを毎週のように建設現場に連れて行く人がいました。それはきっと、子どもたちにとって学びの多い、豊かな経験となったことでしょう。家は、盲児が抱えてみたり両手に包み込んでみたりすることのできない物です。しかし、建設現場へ行ったことで、部分から全体へと段階的にその造りを学ぶことができました。子どもたちは、最初に基礎が築かれ、それから台所の壁が取り付けられていくという工程を知りました。いくつかのフロアを探索したことで、ある部屋の天井が他の部屋の床であるということにも気付くことができました。さらに、その子どもたちは、むき出しの壁と石膏で固められた壁の質感の違いを感じ取りました。

そのような経験を通して家の構造を理解すると、今度は自分の家の構造だけではなく、自分の家とは違って軒続きになっている集合住宅の構造も学ぶ必要が出てきます。インタビューをした保護者は、集合住宅という物が5つの別の家が隣り合ってできているということを、盲の娘が想像するのは難しい、と話していました。

そこで、軒続きの住宅の構造を娘に教えようと、母は通りを一緒に歩いてみました。まず、通りの角にある家の前から、通りの最後の家の前まで歩きました。娘は、壁を触りながら歩き、玄関と庭の付いた5つの家がすべてつながっていることを知りました。ここまで十分に理解ができれば、通りや近隣といったものの概念を説明することは、それほど難しくはありません。新興住宅街には触地図があることが多く、通りや距離を知ることがで

きます。それらを確認した上で実際に歩いてみるのも良いでしょう。

　Huizen（オランダの地名）にある盲学校では、手工芸の授業の中で、小さなブロックを使って家を作る活動をします。子どもたちは、家を作る際に、各フロアの構造について話し合います。これは、子どもたちにとって有益な活動ですが、とても難しい内容でもあります。

　「傾斜屋根と平屋根は、どのように違うのですか。屋根瓦とは、どのような物ですか。屋根を作るためには、それらをどのように組み合わせれば良いのですか。」といった質問は、家を作る中で必ず出てくる質問のほんの一部です。そうやって盲児たちは、ドアの大きさはどうするか、またどのくらいの大きさの窓が必要となるかなど、ひとつひとつに対してさまざまに考えます。盲児たちは皆、この活動が大好きで、中にはかなり熱中する子どももいます。学校には、卒業生が製作した、75 cm もの高さの 4 階建ての灯台が飾られています。

縮小模型

　実物と同じ縮尺で縮小された模型は、盲児が手で触れることのできない世界の言葉の理解を促すためによく活用されます。

　本物の車を両手で包み込むことはできませんが、おもちゃの車であればそれができます。可能であれば、模型の後に本物を体験させてください。おもちゃの車の車輪を確認させた

図5 自作の家と灯台

ら、外に連れ出して本物の車から車輪を見つけさせてみましょう。「車輪は車のどこに付いているんでしたか？前と後ろにある長いプレートは何ですか？道路にとまっている他の車にもありますか？おもちゃの車にもありましたか？」と問いながら、本物を通した体験をさせましょう。

レーズライター

レーズライターは、触図を描くことのできるとても便利な道具の一つです。たとえば、風車を描いたものを触らせてから、実際に見に行くことで、絵と実物を比べさせることができます。

視力が少し残っている強度弱視児や、後天盲の子どもは、平面に描かれた絵や図を見た経験があるので、レーズライターによる触図は、イメージを獲得する上でより役に立ちます。一方で、先天盲の子どもに活用する場合には、注意が必要です。先天性の盲児にとって、三次元の実物と、それを二次元で表した描画が同じ物であるということを理解することは難しいからです。見えている人には、三次元の実物もそれを二次元に表した物も、どちらも同じ物だとイメージすることができます。しかし、盲児にとっては、三次元の実物は触って理解することができても、それを二次元で表した描画は想像上の物でしかありません。三次元の実物と二次元の図は、盲児にとってイコールではなく、文字や数字のような「シンボル」なのです。保護者や指導者は、図を通してその関係や本質を完全に理解させようとする必要はありません。あくまで概念の獲得に役に立つであろう知識の一つとして身に付けさせるために、図を活用するのが良いでしょう。繰り返しになりますが、触るということは、三次元の知覚において有効なのです。

動物

動物の名前も「触れない」言葉のカテゴリーに属します。鳥は飛んでおり、手の届かないところにいるため触ることができません。代わりに、ぬいぐるみの鳥を使って、大きさやくちばし、羽毛がどのような物であるかということについての理解を促します。しかし、以下のようないくつかの概念は、ぬいぐるみでは説明することができません。たとえば、死んだ動物の温度や硬さです。生きている動物とは、かなり違います。また、動物の動いている様子です。たとえば、ヒョウのうろつくような独特な歩き方を説明することは、簡単ではありません。子どもに動物のさまざまな歩き方を経験させるということも、動物についての知識を深める上で重要なのです。

私たち大人は、子どもが間違った概念をもっていることに気付かないことがあります。たとえば、３歳から６歳までの盲児を対象に、地元の魚屋で買ったさまざまな種類の魚を調べるというワークショップを行った時にこんなことがありました。「魚が泳いでいるようにしてみて、と言ったら、子どもたちは皆魚の頭を空に向け、直立させたのです。人間と同じように、魚が水中を垂直に動くと考えていたようです」。

　また、ある女の子に「鳥は、どうやって枝に留まっているか知っていますか？」と尋ねたところ、その女の子は自信満々に「ただ座っているだけです。」と、答えました。「あなたがこの椅子に座っているのと同じように？」と聞くと、「はい。」と、女の子は躊躇せずに答えたのだそうです。

　魚が学習の対象になることはあまりありません。子どもたちは、今まで一度も魚に触れたことがありませんでした。このように、盲児は、限られた体験から間違った概念をもつことがあるということを私たちは覚えておかなければなりません。

＜抽象的な言葉＞

　抽象的な言葉の意味は、具体的なものと違って、直接触れさせて気付かせることはできません。子どもたちは、そういった言葉の意味を、説明や実際の会話の中でその言葉がどのように使われているかを聞くことで学びます。さまざまな経験を通して基礎的な概念が身に付いている盲児にとって、それは、視覚に障害のない子どもに比べてものすごく難しいことではありません。しかし、一つだけ理解の難しい言葉があります。それは、「あの」や「あれらの」、「ここ」、そして「あそこ」のような指示語です。視覚に障害のない人どうしであれば、簡単な指示語を使って会話をすることが多いですが、盲児には、それらは具体的な言葉ではないので理解できません。たとえば「パソコンは、向こうにあります。」と言われても、「向こう」がどこを指すのかがわかりません。

2.4　子どもの興味関心

　あなたが関わっている盲児は、好奇心旺盛に探索しますか？大人がうんざりする程、質問を繰り返ししてきますか？もしそうだとしたら、それはとても良いことです。新しい概念を学ぶためには、そのような姿勢が必要不可欠です。周りの世界に興味をもつからこそ、盲児は包括的な概念を形成することができるのです。事物を自発的に調べるような探究心や、事物の細部に着目して触ったり遊んだりする姿勢が、包括的な概念を作り上げるためにはとても大切です。また、対象となる物に触りながら「これは何ですか？」「これは何のために使いますか？これは○○に似ていませんか？」などと質問をしてくることも、とても好ましい姿なのです。

　両親や先生は、そのような態度を育むためにできる限りのことをしましょう。ただし、その際には、盲児が探索する環境が安全であるかどうかを確認しなければなりません。

　たとえば、不快な経験をたくさんしたり、「危ないですよ。」と何度も言われたことで臆病になったりした盲児は、探索をすることに消極的で、他の人にしてもらうのを待つようになります。そのような場合には、無理に探索をさせようとせず、音を鳴らして興味を引いたり一緒に触ったりすることで、さまざまな物を紹介してみましょう。触覚過敏をもつ子どもも、同じように自発的に探索することを好まないので、周りにある多くの情報に気

付かないままになりがちです。防衛的な姿勢から子どもが自ら探索する姿勢へと導いていくためには、特別な支援と注意深い配慮が必要です。

第 3 章
盲児の触覚の発達に影響を与える要因

3.1　家庭の環境

　子どもの知的能力（認知能力）は、能力と環境によって決まります。それは、子どもの育つ環境が発達に影響を与えるということです。したがって、子どもが自ら探索しようとする環境を、私たちが作り出すことが重要です。言い換えれば、子どもが自分の感覚を通して環境を探索するように促さなければなりません。この過程では、子どもが自分の手で触るということが非常に重要です。

＜盲児の安全を第一に考えた家庭環境＞

　リビングルームと子どもの寝室は、子どもが多くの時間を過ごす部屋です。子どもが安心して探索するためには、部屋が整理整頓され、分かりやすいレイアウトになっている必要があります。家具の場所が固定されていれば、子どもは自由に部屋の中を動き回ることができます。

　部屋が整理されていれば、物の場所を覚えることができるでしょう。子どもがぶつかったり触ったりして怪我をするものや、鋭くとがったものがないように注意してください。家具を動かさなければならない時は、新しいレイアウトを必ず子どもと一緒に確認しましょう。子どもが自分で、おもちゃなどを置く場所を決めるのにも役立ちます。子どもが簡単に自分のおもちゃを見つけられれば、もっと自分で自分のものを探したくなります。

＜探索活動のすすめ＞

　環境の設定を工夫することで、安全性が確保され、わかりやすい構造になるだけでなく、たくさんの刺激を子どもに与えることができます。周囲の環境の発見を促すために、部屋の隅に、おもちゃのあるプレイコーナーを作る方法があります。例えば、部屋のコーナーにマットを敷いたり、コーナーを本棚で仕切ったりするなど、幼児が明確にわかるようにすると良いでしょう。自分でプレイコーナーを見つけられるようになると、子どもが大人に頼ることは減っていきます。「こっちかな」と想像しながら、一人でプレイコーナーにたどり着いて「自分で来られた！」という経験をすることで、子どもの自主性の発達が促されます。おもちゃは、慣れ親しんだものと、馴染みのないものの、両方を置きます。

　子どもの外界を発見する旅をさらに面白くするために、貝殻や松ぼっくりをいっぱいに入れた鉢、子どもが自分で描ける触る絵などを、動線に沿って配置してみましょう。食器棚には、プラスチック製の容器やさまざまなスプーン、ザルや型ぬきなどの子どもが触って遊んでも壊れないキッチン用品がたくさんあります。特にお父さんやお母さんが料理をしているときには、より好奇心が刺激され、楽しい場所になるでしょう。料理のいい匂いがしたり、味見をして美味しい体験をしたりすることで、台所はもっと楽しい場所になります。家にあるものに点字ラベルを貼り付けることも、子どもに情報を提供する方法の一つです。3歳から6歳頃の子どもは、触って分かる文字に遭遇するだけで楽しくなります。視覚に障害のない子どもがスーパーマーケットや交通機関、教室など、どこへ行っても文字に遭遇するのと同じように、盲児にも文字に出会える環境を用意しましょう。

図6　秋の展示

＜遊び道具の使い方＞

　おもちゃを置いておくだけでは、盲児が自分から遊ぶようにはなりません。視覚に障害のない子どもは、目でおもちゃを見て自然と興味をもったり遊んだりしますが、盲児には、より丁寧な働きかけが必要です。例えば、盲児の遊びを促進するためには、おもちゃを選ぶ時に子どもの好みを考慮することが大切です。音を聞くことが好きなら、音の出るおもちゃを用意するといいでしょう。子どもが自然に探索を始めるのは、遊ぶことを通して「面白い」、「楽しい」という喜びを得られたときです。

　また、さまざまな種類のおもちゃを用意しておくことが大切です。音の出るおもちゃし

かもっていなければ、子どもは音を聞くだけの受け身の遊び方になってしまうかもしれません。ただボタンを押して音を聞くだけの遊びに留まることがないよう、他の遊び方も引き出せるようなおもちゃを用意してください。図7の写真のように、ものを作るのが好きなお父さんお母さんなら、自分でおもちゃを手作りしてもいいでしょう。

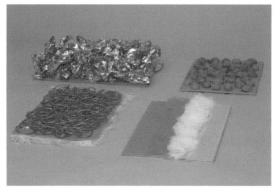

図7　自作のタッチボード

3.2　身体能力

＜身体能力と触覚＞

　子どもの身体能力は、触探索に影響を与えます。子どもの健康状態も、触察に必要な注意力に影響を及ぼします。注意がそれていると知覚能力も低下し、触察に必要な情報を十分にキャッチできなくなるでしょう。科学的な検証はされてはいませんが、仕事で盲児たちに関わっている専門家は、風邪や耳の感染症が触覚の感度に影響を与える可能性があることを、経験的に実感しています。

　優れた触察の能力を発揮するためには、手指の微細運動の発達が必要不可欠であり、触察力はその能力に依存します。特に、親指と他の指を独立させ、いろいろな動かし方ができることが重要です。また、両手の分離・協応も重要です。例えば、ジャムの瓶を開けるときは、片方の手で瓶を固定し（固定する手）、もう一方の手で蓋を外す（操作する手）というように、両手は異なる役割をもちます。こうした日常動作は、両手の分離・協応の発達を基礎としています。さらに、非常に小さなものをつまんだり、指先で弁別したりする際にも、優れた微細運動が必要になります。

図8　ジャムの瓶の蓋を外す

43

＜他の障害の触覚への影響＞

　子どもたちの中には、複数の障害のある子どもがいます。視覚障害以外に、運動障害や知的障害を持つ場合、触知覚能力に影響を及ぼすことがあります。特に神経系の障害は、触覚情報の処理に影響を与えます。痙攣や麻痺のために筋緊張が低い子どもは、刺激の受容の仕方が一般的な方法とは異なります。自分の筋緊張の状態がわずかに変化するだけでも、異なる触覚刺激がどのように知覚されるか（快か不快か）に大きな影響を与える可能性があります。

　他の障害がある場合、粗大運動の発達に影響を受ける場合があります。粗大運動の能力は触覚とあまり関係がないと思われがちですが、ボディイメージの獲得を促す課題を行うときなどに、問題になってくる可能性があります。

　ボディイメージの獲得を促すために私たちは、いろいろな姿勢を取らせる遊びがあります。たとえば、「頭をぶつけずにこの机の下をくぐるためには、どのくらい身体を小さくする必要があるかな。椅子の下もくぐることができるのかな。そのためにはもっと身体を小さくしなきゃ」といっていろいろな姿勢をとらせる遊びをさせたりします。しかし盲児は、このような方法で自分の身体の動きをイメージすることは難しいでしょう。

　また、粗大運動能力が十分に発達していない段階では、触覚によって大きなものや高さの違いを探索することにも問題が生じます。また、粗大運動面だけではなく、触察能力においては運動の方向を調整したり制御したりするバランス感覚もとても重要な要素であり、この感覚も脳の運動野に関連しているため、神経系の障害の影響を受けることがあります。

3.3　性格特性

　子どもの性格も、触覚の使い方に影響します。また、乳幼児期の触る経験の質が、子どもの性格の違いによって、彼らの触察の発達にプラスにもマイナスにも働く可能性があります。たとえば、ネガティブな経験は、自信のある性格の子どもよりも内気な子どもに対して、より強く影響を与えます。次の段落では、触察の発達に影響を与えうるいくつかの性格特性について説明しますが、この記述は決してそれらすべてを網羅したものではありません。すべての性格のタイプを説明すると、この本には収まりきらなくなってしまいます。

＜外界への好奇心＞

　外界への好奇心が強い子どもは、積極的に探索をしようとします。また、好奇心には理解力が影響します。たとえば、新しいものに出会っても、それを理解し、面白い物だと意味づけすることができなければ、何か新しいことに対して興味を見いだすことはありません。子どもの知的好奇心や自主性を私たちが引き出すためには、子どもの興味があるもの

を考えると良いでしょう。そこから、ゆっくりと確実にその興味を広げ、一般的な知識としていくのです。

＜自信＞

　自分自身の能力への自信は、過去のポジティブな経験によって形作られます。成功体験が、子どもたちが自信を育むことを大きく後押しするのです。また、成功を自分の能力ではなく偶然や自分に関係のない要因によるものだと考える子ども（や大人）がいます。たとえば、「この質問は、たまたま簡単だったので正解することができた」と捉える姿勢や考え方です。このような姿勢や考え方は、新しい触察課題や初めての触感のものに触れる時の積極性に、決定的に影響します。また、「私がとても不器用だからできなかった」と捉える姿勢や考え方も積極性に影響を及ぼします。

　自分に自信をもっている盲児は普通、新しいものに対して促されずとも自ら積極的にそれを触察し、その経験が彼らの触察力を自ずと発達させます。ただし、強度弱視の子どもで、触覚を活用することにあまり慣れていない場合、触覚を主として活用するよう導くことが、非常に困難なことがあります。その結果として生じる触察への自信の無さは、触察の発達にネガティブな影響を及ぼすでしょう。さらに、どのような学習においても子どもの成功を左右するのは、自信だけではありません。忍耐力、集中力、欲求不満への耐性（失望や困難に対処する方法）も重要です。

＜後天性の視覚障害児への対応＞

　生まれつき目の見えない子どもたちは、視覚的な世界の概念を持っていません。そのため彼らは、世界を発見していく方法が触覚であることに憤りを感じることはないでしょう。一方、腫瘍や手術の結果、後天的に失明した子どもたちは、全く異なる思いをもつことがよくあります。彼らは障害の受容が難しく、感覚が制限されていることを腹立だたしく思います。彼らにとって触覚を使うことはあくまでも２番目の方法に感じてしまい、場合によっては触察への抵抗感や、触れることへの恐怖感をもつ場合もあります。このような気持ちは、彼らが触察から情報を得ることを妨げてしまいます。そして、視力をいくらか保有している重度弱視の子どもたちは、触覚に頼りすぎることをためらうことがあります。彼らは無意識に、触覚を使用することによって彼らが完全に「盲目になる」ことに恐怖を感じているのです。両親や先生が、子どもが触れようとしない理由はどこにあるのかに気付くことが非常に重要です。子どもの限界を超えて触れることを強要してしまうと、より大きな抵抗感とストレスが生じ、その発達を妨げることになるでしょう。

　過去には、重度弱視の子どもの多くは点字で学習することが重視され、その結果、保有する視覚が十分に活用されていませんでした。最近では、重度弱視の子どもが視覚を活用する方法について、子どもたちの気持ちに寄り添うようにしています。保護者と専門家が一緒になって、触覚と保有視力の両方を組み合わせた学習方法について相談して決めるよ

うになりました。たとえば、数学や地理の授業中では拡大鏡を用いて保有視力を活用し、国語の授業では点字を使用する、といった工夫をしています。

3.4　知的能力と発達

　生まれたての赤ちゃんは自分の体と母親の体との区別がついていませんが、成長とともにいろいろな経験をすることによって「自分の身体は独立してある！」ということを発見します。また、自我が芽生え、自立したいと思うようになります。やがて、自分を取り巻く人、物、動物、空間の特性といったことも発見していきます。「犬には4本の脚と、食べたり噛んだりする口、しっぽがある。牛にも4本の脚と口としっぽがあるけれど、犬ではない。それらはどちらも動物で、人間とは違う。また、鳥は犬や牛の仲間ではない。鳥は飛ぶことができるけど動物で、飛行機も飛ぶことができるけど、鳥とは違って、人によってつくられたものだ。」こうした経験を積めば積むほど子どもは、より多くの概念を学び、理解できるようになります。

＜人と物の永続性＞

　「お母さんは、私と一緒にいないときには存在していない。私が泣くとお母さんが戻ってくる。」

　こうしたことは、生まれて間もない乳児が皆、経験することです。しかし、その後、「目の前にいなくても、人や物が消えるわけではない」という概念を理解するために要する時間は、視覚に障害のない子どもと盲児とでは、大きく異なります。視覚に障害のない乳児は、母親が台所に行くのを見ることができ、少し離れていてもまだそこにいることを知っています。転がったボールがまだ近くにあることも分かります。しかし、盲乳児は違います。母親の身体が盲乳児から離れた瞬間に、まるで母親が消えてしまったかのようになります。手の届かないところに転がってしまったボールも、完全になくなってしまったことになります。「そこにあること」が盲乳児に分かるような手がかりが、無いのです。ボールは、盲乳児にそう思わせるようなシグナルを出してくれません。母親もボールも、直接感じることはできなくても、そこに存在しているという認識を「人と物の永続性」といいます。これは、子どもの認知能力の発達において非常に重要な段階であり、そして盲乳児がそこに到達するには、視覚に障害のない子どもよりも長い時間がかかります。

＜認知発達＞

　知能とは、精神発達や認知能力とも呼ばれ、経験を意味づける能力、言い換えれば、脳に入ってきた情報を保持し、それを使って世界を理解する能力といえます。知能は、知能検査によって測定することができます。また、知能にはいくつかの側面があります。言語的知能は、言語を理解し、論理的に使用する能力で、一般的な知識や語彙力と関連してい

ます。空間的知能は、より実際の行動に関連した認知能力であり、空間的および手の操作を伴う認識と関連しています。表出言語が豊富でも実体験の乏しい盲児は、言語面の能力は高くても、空間的な認知能力は高くないでしょう。空間的な認知能力は、文章を読んだり算数を学んだりするときに、非常に重要になります。また、日常生活動作の発達や、効率的な触り方の獲得とその応用といった面からも大切です。

　私たちの認知能力は遺伝的要因によって決定される部分もありますが、刺激的な環境があれば、その能力を高めることができます。遺伝的要因は、生まれながらにもっている道具箱のようなもので個々にその資質・能力はさまざまですが、いずれにしてもその道具（認知能力）を活用する方法を学ばなければ、あまり意味がありません。学ぶことによってすべてができるようになるわけではありませんが、自分の可能性と限界が何であるか（自分でできることとできないこと）を認識することにもつながります。

　子どもたちの中には、新しい情報を処理することが得意な子どもがいます。これは記憶力だけでなく、これまでの経験や知識にも関係しています。小さな子どもは、簡単な計算を理解するのが難しいですが、中学生になると複雑な数式を処理することができるようになります。高い認知能力を持つ子どもは、複雑な情報を処理し、保持する能力にも優れています。

＜大人の役割＞

　探索を始めるためには、まず子どもが外界への好奇心をもつ必要があります。視覚に障害のない子どもは興味を引きつける面白いものや出来事を目にすると、探索意欲が喚起され、自然と探索していきます。盲児も、音の出るものに対して興味関心を示し探索意欲が喚起されますが、彼らの場合は今いる安心できる場所にいながら音源を探索することは不可能であり、必ず自分から音源に近づいていかなくてはならないので、音の出るものに対して近づいていくのが怖いと感じることもあります。触察は対象に自ら接近することが不可欠ですが、それは同時に危険をもたらす恐れもあるのです。このような理由から、盲児は視覚に障害のない子どもに比べて、大人の手助けがより多く必要です。

　触探索を通して動物について学ぶ場合を、例として考えてみましょう。例えば、動物園で蛇を触る経験から、子どもはすでに持っている動物の知識と関連づけて、より正確な概念を形成することができます。動物園の飼育員が蛇を押さえてくれれば、子どもは腹と背中の鱗の違いを触って感じることができます。蛇の腹の鱗は、素早く動けるようにわずかに突き出ているのです。そしてそれは蛇が木を登るときに滑り落ちないためであったり、水中を泳いだりするためにも必要であることも、その体験を通して理解することができます。

　蛇がとても危険な動物であると教えられた盲児は、決して蛇に触りたがらないでしょう。すなわち、未知の対象への不安や恐れを抱き、概念獲得のための重要な経験の機会を失ってしまいます。人から説明してもらった理論的な知識だけでは、盲児が動物の概念形成に

必要な実体験を補うことはできません。また、実体験による知識でなければ、それに基づいて「他の蛇はどのような形なのか、蛇といも虫はどのように違うのか」といった、自問自答するような深い思考活動には繋がりません。親や教師が多くの触察の経験の機会を準備することによって、子どもの学びは広がっていきます。新しい発見を重ねるたびに、子どもはますます物事に興味をもち、探索するようになるでしょう。

3.5　触り方

＜プランニング＞

　どのような触り方をするか、その様子と特徴は、子どもが特定の課題や遊びをするときに現れます。子どもは最も効率的な方法で触ろうとしていると思うかもしれませんが、常にそうとは限りません。子どもの中には、これから何をすべきか知らされる前であっても、物や表面を素早く全体的に探索し始める子もいます。この素早い探索は、全体像を把握するための触り方です。触ることに抵抗の大きい盲児の場合は、たった一度だけ、さっと触るだけの子もいます。そのような子は目の前にあるものに触るよりも、周りの人から説明を聞くことの方が好きな傾向があります。

　実際の生活や学習場面で課題に直面したとき、子どもは課題解決に必要な方法や手順を自分で見出さなくてはなりません。それができなければ、日々の生活や学習は混沌と混乱に終始してしまいます。一杯の牛乳を注ぐ過程を例に、そのことを説明してみましょう。それを正しく行うためには、注ぐ手順を覚える必要があります。まず最初にすることは、牛乳パックを開くことです。回して開けるキャップがついている牛乳パックもありますが、そうでないものは折りたたんで開ける必要があります。この操作は簡単ではなく、高い空間認知能力そして、忍耐力と集中力も必要です。一瞬でも注意がそれるとうまく開けられず、机に牛乳をこぼしてしまいます。牛乳パックが開いたら、子どもはコップに牛乳を注ぐことができますが、ここでも上手に注ぐ方法の獲得が必要です。

　コップは牛乳パックよりも小さいので、注ぐときにコップを倒したり、牛乳を入れすぎたりしないように注意しなければなりません。牛乳を注ぐ前に、盲児はこのようなことをすべて考えておく必要があります。子どもにときどき質問をすることは、子ども自身が課題解決の方法を見出す手助けとなります。「コップが倒れないようにするためにはどうしたらいいかな？」、「コップがいっぱいになるのは、どうしたらわかると思う？」、「人差し指はどこに置くといいかな？」このような質問を何度もしてみることによって、子どもは牛乳をコップに注ぐ手順全体をプランニングし、一人で注ぐことができるようになるのです。

＜構造化＞

　複雑な課題に取り組むためには、構造化された方法・環境でその課題を行う手順につい

て学ぶ必要があります。学校での課題場面では一般に左から右へ、上から下へという手順で物事を行います。また、机はいつも同じ配置にし、お皿やナイフ、フォークはすべて同じ場所に置かなくてはなりません。

　活動に応じて、方法や環境を最適に構造化して、活動に取り組めるのがベストですが、すべての子どもが、どのように活動を構造化すれば良いか分かっているわけではありません。そのようなときには、教師と子どもが一緒に、活動をどのような順序で行うか、その手順（活動の連鎖）について話し合い、実際にそれを一緒にやってみると良いでしょう。こうした課題解決の方法を教えるのは、巡回指導や早期教育相談を担当する盲学校教員や巡回指導員、早期支援の指導者の責任です。相談担当教員は、幼児・児童期には、おもちゃを容器に分類して入れるようにアドバイスしたり、中学生・高校生の地理の授業では触地図を探索するための最善の方法を教えたりするなど、各年齢段階に応じて的確で効果的な支援をする役割を担っています。家庭では保護者がその役割を担います。例えば、「Lego」（レゴブロック）の長さに応じた入れ物を用意し、分類して入れると、使いたいブロックを見つけやすくなります。

＜触り方の違い＞

　ほとんどの盲児には、自分が触りやすい独自の触り方があり、その方法で触ることを好みます。細部の触察から始めることを好む子どもがいる一方で、素早く全体的な触察を好む子どももいます。しかし、これら両方の方法が盲児の学習や生活では必要です。細かな識別が必要な課題もあれば、おおよそで全体をとらえ続けるのが良い課題もあります。たいていの物は、最初におおよその大きさや全体像を把握してから、細部を触察する方が良いでしょう。学校の学習課題は通常、全体把握と細部把握の二つの方法を組み合わせて触察する必要があります。全体を触ることによって物の大きさがどれくらいか、また、机のどこにビー玉があるのかというようなことがわかります。しかし、ビー玉がいくつあるのかを知るためには、もっと詳しく探索する必要があるでしょう。

＜基準点＞

　すべての盲児は、いわゆる「基準点」の使い方を学ぶ必要があります。基準点は触覚的に位置関係を定位しやすくするための固定された点であり、使いたいものを探す時に基準点を起点として探すことによって、いつも最初から探し直す必要がなくなります。たとえば、子どものマグカップを皿の右に置くと、この皿を基準としてマグカップを簡単に見つけることができるでしょう。学校での触察の指導には、常に基準点の活用が前提となります。子どもたちには、すべてのものに「アンカーポイント（判断の基準点のこと）」または固定された場所があることを伝えます。たとえば、コートを着たい場合は、まずフードの位置を確認します。フードを頭に被ることによって、それを基準点として自然と腕の近くの袖を見つけることができます。たとえば、おもちゃのクマが座っているのか横になっ

ているのかを調べる際に、クマの耳を基準点として用いることができます。地理の授業で触地図を用いて学ぶ子どもたちは、決まった基準点があると、触察の途中でも常にそこに戻ることができます。オランダは、三角州のある Zeeland 州と Wadden 諸島の形が特徴的なため、それらを基準点として触察すれば認識するのは簡単です。

＜同じものの異なる提示＞

　頭の中で物のイメージを回転させること、すなわちメンタルローテーションは、盲児にとっては容易ではありません。例えば、椅子は、脚が上向きに突き出していると、全く違うもののように感じ、盲児はさかさまになった椅子として認識することは困難です。こうしたことが盲児にとっては、物や状況を把握する際の大きな妨げになります。物事が何かひとつでもいつもと違っていると、世界はとたんに大混乱した場所となります。

　したがって、親や教師は、子どもたちにあらゆる向きで配置したものを触る経験をさせることが大切です。そうした経験によって、横向きであろうと逆さまであろうと、同じものであることを理解することができます。学校にいても家にいても、この経験さえあれば、生活の中で生かすことができます。

＜集中力と注意力＞

　情報を入手するためには、集中力と注意力が必要です。特に盲児・者は、何をするにも集中力が必要です。集中力を要しない活動は、椅子やハンモックでくつろぐことなど、ほんの少ししかありません。彼らにとっては森の中を散歩することも、決して心地よいことではありません。常に周囲に注意を払わなければならず、家までの帰り道を見失わないように確認する必要があります。盲児は常に「物事に頭を悩ませる」ことに忙しく、一日のうちに少しは休息できる時間が必要です。

＜全体像の把握＞

　第一章では、視覚と触覚の大きな違いについて説明しました。視覚では一目でたくさんの情報を得ることができますが、触察では少しずつ情報を得ます。そのため、盲児が全体像を把握することは簡単ではありません。何が机の上にあるのかを知るためには、端から順に触っていく必要があります。こうして得たいわばパズルのピースを頭の中で統合してはじめて全体像をイメージすることができるのです。そのためには、集中力と記憶力が非常に重要な役割を果たします。机の一部分が探索されず、パズルのピースが欠けていたら、全体像を描けないのです。

＜集中力と注意力への影響＞

　課題遂行にかかる時間は、課題の性質と子どもの興味によって異なります。また、注意の持続性（Attention Span）は、子どもの年齢が上がるにつれて長くなります。課題の遂

行には集中力だけでなく、注意の転導性も影響します。視覚に障害のない子どもでは視覚的な刺激に注意が転導しますが、盲児の場合は聞きなれない音が聞こえた時に注意が転導して手の動きが止まります。注意が転導しても再開するのが簡単な課題もありますが、たとえば、点字で文章を読んでいるときに音に気を取られた子どもは、文の最初に戻る必要があります。音は単に気を散らすものではなく、周囲の環境を把握するための重要な情報を伝えるものでもあります。環境からの情報を得ようと最大に集中している盲児は、たいてい片方の耳を音源に向かって傾ける様子がよく見られます。このように対象に対して聴覚的注意を向け続けるには、優れた集中力が必要です。

3.6　記憶

　私たちは幼い頃から記憶力を養い鍛えています。記憶力があれば、以前に得た情報を認識することができます。このプロセスがなければ、私たちはずっと頭を働かせていなければなりません。記憶力があるからこそ、「ここの一番上に、名前が書かれたラベルがあるから、これは私のコートに違いない」というように推測することもできます。

＜言語的および非言語的記憶＞
　記憶は、言語的記憶と非言語的記憶に分けられます。言語的な記憶は単語や言語で構成される一方、視覚的な記憶は視覚的なイメージや触覚的な印象、動作などで構成されます。中には、言葉を聞いただけで具体的なイメージを思い浮かべることのできる子どももいます。また、物（の一部分）に触れることで、それが何かイメージする子もいます。たとえば、「そうそう、これはオルゴールだね。これで遊びたいな」といった具合です。
　情報をより効率的に処理するためには、言語的記憶と非言語的記憶の両方を活用することが重要です。たとえば、アン叔母さんのおもちゃ箱の中に何が入っているかを子どもに話すだけでは、言語的記憶しか活性化させることができません。しかし、箱から一つずつおもちゃを取り出して子どもに触らせながら、それが何であるのかを説明することで、言語的記憶と非言語的記憶の両方が関連づけられて活用されます。

＜短期記憶と長期記憶＞
　情報は、保存される際に短期記憶と長期記憶に分けられます。私たちは短期記憶を使って新しい情報を保存し、長期記憶を使って将来に備えて情報を保存し続けています。年齢とともに私たちの短期記憶力は衰えます。多くの高齢者は、彼らが若いころに同じ通りに住んでいた人たちを覚えていますが、老人ホームの新しい入居者の名前は忘れてしまいます。

＜記憶力の組み合わせ＞

　記憶力（言語的記憶と非言語的記憶、そして短期記憶と長期記憶）は、それぞれ結びついています。単語や言語による言語的記憶にのみ短期記憶と長期記憶があるわけではなく、非言語的な情報にも、短期と長期の記憶があります。匂いは記憶に非常に強く残り、少しの匂いだけで記憶が洪水のように思い出されることもあります。たとえば、おばあちゃんのアップルパイのおいしさを思い出すには、ほんの少しのアップルパイの香りで十分です。

＜新しい経験を既知の経験と結び付ける＞

　記憶は、事物の認識において重要な役割を果たします。事物を認識するためには、対象を触ったときの触覚的イメージと、すでに保存されている触覚的記憶とを結びつける必要があります。こうした関連づけたり分類したりする能力によって、子どもたちは世界をより深く理解することができるようになります。たとえば、「マグカップは、私が使っているものだけをいうのではなくて、母が飲んでいるものもマグカップで、学校にもマグカップがある。たいてい二つか一つの取手があるけれど、なかには取手のないものもあり、どちらもマグカップと呼ぶ。」といった、経験と印象の積み重ねによって、より抽象的な理解が深まります。また、事物を例えば「マグカップのカテゴリー」に分類するためには、マグカップの特徴（飲み物を飲める、ソーサーが付いていない、ティーカップより大きいのが普通、取っ手が付いているのと付いていないのがあるなど）を認識し、記憶しておくことが重要です。つまり、（触覚的）記憶は、物をカテゴリーに分類するために重要な役割を果たし、世界をより秩序正しく理解する基盤を成します。

＜空間的記憶＞

　これまで説明した記憶の種類とは別に、空間的位置情報を専用に貯蔵する「空間的記憶」があります。たとえば、盲児がリビングをはいはいで動き回るとき、空間的記憶によって、椅子のある場所やプレイマットの場所が分かるのです。最初は、子どもにとってすべてのものが初めて出会うものですが、しばらくすると子どもはそれらの空間的位置を認識し始め、家のどこに何があるのかを覚えていくでしょう。そのため、椅子や机、その他のものが常に同じ場所に配置されていることが非常に重要です。位置が固定されている物は、盲児が空間を理解する有効な基準点として機能します。成長するにつれて、子どもたちの空間世界はますます拡大し、家の外にあるものの位置も空間的記憶に位置づけられるようになります。例えば、盲児は、学校の近くの壁が、ブランコにたどり着くために横断しなければならない道に通じている、といったような空間的認識を学んでいきます。こうした空間的記憶の拡大が、子どもをより能動的・自主的にさせます。ルートを学習し、それを記憶することができる子どもは、他人にあまり依存しません。

　空間的記憶は、物が広い空間の中のどこにあるのかを知るだけでなく、狭い範囲でも機能します。例えば、点字はいくつかの異なる位置に配置された点で構成されています。1

の点と 2 の点が垂直に配置されている場合、文字 b であることが分かります。また、1 の点と 4 の点の位置に点が隣接している場合、文字 c を表しています。こうした認識も、空間的記憶に依ります。

3.7　運動技能

　親としては、盲児である自分の子が自信をもって自由に生活世界を移動することができるようになってほしいと願うでしょう。子どもが、「お母さん見て、左足で右足と同じように飛び跳ねることができたよ！」というように、努力して運動技能を習得しようとしている様子を、寄り添い見守ってあげましょう。子どもたちはいつも他の子どものしていることを模倣することで、絶えず新しいことを試して学んでいるのです。

＜新しい技術を学ぶ＞

　盲児が新しい運動技能を習得することは容易ではありません。彼らは他の子どもたちがしている動作を見ることができず、自分の目で自分自身の動きを確認することもできません。時には、まるで盲児が自分自身の体に「閉じ込められている」かのような、ぎこちない動きをします。また、盲児は障害物があるかどうかが分からなければ、思いのままに走ることもできないのです。このように、安全で安心して運動をする見通しがもてない状況では、たとえば、盲児はジャンプをしようとしても「立ちっぱなしで」います。足（つま先）さえも地面から離れません。

　一方で、盲児が優れた空間感覚・方向感覚を習得するためには、運動経験が必要です。運動遊びが早期療育指導や学校で集中的に行われるのはそのためです。たとえば、向きを決めるために正中線（身体の中心を通る垂直軸）を使うことの学習は重要です。これによって、子どもは自分が二つの等しい身体を半分ずつ持っていることを学びます。多くの場合、子どもは利き手や利き足があります。最も重要な運動技能の一つは、片方の腕を伸ばすと同時に、もう片方の腕を曲げるなど、身体の各部分で違う動きを連動して協調させる技能（分離協応）です。盲児が他者の体位を模倣しなければならないゲームは、自分自身の身体への意識を刺激します。そして、以下のような周囲の空間と自己との関係を通して、盲児は徐々に自分のボディイメージについて学びます。「立っているときと座っているときでは、頭が床に近いのはどちらでしょうか」「誰かと会った時に、声が上から聞こえてきたら、その人は自分より背が高いに違いありません」といった具合です。

　「Lap games」（以下、ラップゲーム）は、乳児期から幼児期前半の盲幼児たちの運動技能を刺激するための良い方法です。ラップゲームとは、床やベッドの上で、大人が膝の上に向き合った状態で子どもをのせて、姿勢を支えながら子どもを動かす遊びの総称です。このゲームでは、子どもを徐々に「前へ」、あるいは「後ろへ」と動かすように導きます。子どもは大人の体が近づいてくる、あるいは遠ざかっていく動きの変化を感じることがで

きます。そして、大人が背中から床に転がると、赤ちゃんも床に手をつくことができます。子どもは遊びを通して、他者や環境との関係から自分の身体に関する多くのことを学ぶことができるのです。

　また、身体の動きを経験させるような遊びをする際には、まず最初に、子ども両手で抱きしめることから始めます。それから、マットレスや厚いマットのような安全な表面に触れてみます。このようにして、子どもが安全であると感じる状況を準備しましょう。このような配慮によって、子どもは自由に動き、怪我することを恐れずに、転倒したときの身のこなし方の練習ができます。「Veronica Sherborne」のウェブサイトには、このような（幼い）子どもたちの運動遊びのための良いアイデアがいくつか掲載されています(15.1参照)。

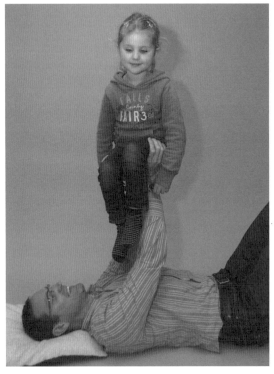

図9　サーカスの動き

＜両手の協応＞

　両手の協応は重要な手指運動のスキルです。このスキルが十分に開発されていれば、両手を一緒に連動させてさまざまなことができるようになります。両手を使って行う動作の中には、それぞれの手が別の役割を分担する、すなわち「両手の分離協応」の必要な動作があります。例えば、牛乳を注ぐためには片手はグラスを握って固定する役割を担い、もう一方の手は注ぐという動的な操作の役割を担います。こうした両手の分離協応の力を育むことは、視覚によって動作を確認できない盲児にとって、特に重要です。両手の分離協応の力は、点字を読むときに適切な速度を保つためにも必要不可欠です。片手で物を持ちながら、もう片方の手で探索して詳しい情報を得るような場合にも、両手の協応は非常に重要です。

3.8 触察をする身体部位

　目の見えない人は読書をするときに両手を使うということから、指先が最も触察の際に重要な場所であると考えがちです。しかし、触覚を用いるのは読書だけではありません。実は視覚障害者は、外界の情報を得るために、指先だけでなく、いろいろな身体部位を活用しています。

＜指先＞

　指先は、細かいディテール（細部の知覚）を識別するために活用します。指先には、触覚の受容体と末端神経が集中しており、とても鋭敏です。ほとんどの人は、人差し指が最も敏感ですが、中指の方が敏感な人もいます（皮膚と固有の受容体の接触については第1章を参照）。目の見えない人にとって指先は情報を入手する重要なチャンネルであり、注射や点滴によって損傷を受けないように注意しなければなりません。

＜手のひら＞

　手のひらは、中くらいの大きさのもののサイズや材質、形状や表面構造を調べるような時に活躍します。まず、子どもが砂やシェービングクリームなどの触覚的に特徴のある材料を探索することを楽しんでいるかどうかを確認する必要があります。子どもがこれらの素材の感触を好まない場合、素材を避けるように指を過度に伸ばして反らせることがあります。これは触覚防御の兆候の可能性があります（1.5 参照）。

＜足＞

　足は、手のひらとともに触察の手段として用いる重要な部分です。盲児は、足の裏の触感から自分がどこにいるかという空間を定位するための情報を得ることができます。「カーペットのうねりのある触感を感じたから、これはリビングルームへ帰ってきたということに違いない！」という具合です。もちろん、盲児は自分のいる場所を定位するために聴覚も活用しますが、本書では触覚に焦点をあてます。

＜口＞

　「モノを包みこむ」という行為を生まれて初めてするのは、口（おしゃぶり、乳首、指）です。口とその周辺は非常に敏感で、過剰に敏感なこともあります。また、発達初期段階の手と口の協応は、運動技能の発達において重要な役割を果たします。しかし、盲児はこの相互作用の誘発を促す視覚刺激が得られないため、それを促進するための刺激を積極的に与えることが大切です。

＜頭部＞

　一般に、頭部が触察に用いる身体部位の一つであるという認識はされていませんが、特に発達初期の盲幼児にとって、頭部からの触覚情報はとても重要な情報源です。たとえば、彼らは顔（しばしば頬や口）に物を押し付けたり、額で探索したりします。実は視覚障害のない乳児や幼児も、頬でソファの触感を確認するなど、空間を探索するときにこれらの部位を用います。より具体的に素材を探索する時には、口と唇が多く使用されます。

＜全身＞

　外界を探索する手段として、身体の一部分だけではなく、全身を使うこともできます。マットレスの上に横になるのは、プールの中や壁に沿って体を動かしているのと同じように、全身で情報を集める方法の一つです。この種の探索をしたとき、中には触覚防御の反応を示す子どもがいます。たとえば、柔らかな面に横たわることを好まない場合などがあります。そのような子どもを発見した場合、作業療法士など早期療育指導員に相談すると良いでしょう。

　振動も、全身で外界を感じることのできる情報です。たとえば、ホーム柵の後ろで待っているときに電車が過ぎ去っていく瞬間や、音楽の深みのある重低音は、体全体でそれを感じとることができます。盲学校のある女の子は、洗濯機が回っているときに、その振動を感じるために洗濯機の上に腕を置くのが一番好きでした。また、頭や耳をドラムヘッドに押し付けて、大きなドラムにもたれかかるのが大好きな子どももいます。盲児はドラムの音だけでなく、振動も楽しんでいるのです。

3.9　触察経験

＜触察経験の歴史＞

　「触察経験」は、触察能力の発達に大きな影響を及ぼします。触察による知覚は、これまでの経験の量と触覚防御の有無によって決まります。触察経験はしたがって、いつ視覚障害になったかということも関係します。視覚経験のない子どもと、後天的に見えなくなった子どもでは、特に後者が視覚的記憶を保持している場合、大きな違いがあります。

　触察による探索に対する子どもの態度は、それまでの触察の経験がどれほどポジティブなものなのか、あるいはネガティブなものかという、触察経験の歴史によって異なります。窓枠を探索している際にサボテンに手を突っ込んでしまったなどの不快な経験は、触覚防御や触れることへの恐怖を引き起こす可能性があります。その結果、子どもはなじみのない部屋で食器棚やタンスを探索することなどのすべてにおいて消極的になります。触察の経験の豊かな子どもは、たくさんの面白いものに出会っているため、前向きで自発的に探索する傾向にあります。そのことがさらにより多くの新しい経験をもたらし、既存の知識や

環境の総合的な概念形成へとつながります（第2章を参照）。

＜一つのモノで多くの経験を＞

　盲幼児は、新しいおもちゃを提示すると警戒し、拒否することがあります。盲幼児が新しいおもちゃを受け入れ、それに慣れるまでには、何度か試してみることが必要でしょう。

　慣れるまではじっくり時間をかけることも大切ですが、だんだんそのモノの新しい側面に気づくような経験を拡げていくこともとても大切です。子どもは、一つ一つのモノや人々、製品に関する触察経験を重ねていけばいくほど、その事物・事象を総合的・包括的に理解することができます。例えば、リンゴは普通、皮をむいて小片に切り、子どもの食べやすいようにします。そのため、子どもはその小さな断片が「リンゴ」と呼ばれることは理解しています。しかし、丸のままのリンゴやリンゴの木に直接触れてみるなど、経験をより拡大させることで、リンゴの包括的な概念形成の基礎となる知識も拡大します。また、複数の品種のリンゴを詳しく調べてみる経験を通して、食感（いつくかのリンゴの皮は他のものより非常に滑らかです）や香りの違いを発見することができます。リンゴの皮を剝いてみる経験から、リンゴの表面と形についての新しい情報を得ることもできます。さらにリンゴを半分に切ると、今までと違う新しい触感に触れることができると同時に、表面からはわからない小さな面白い種にも気づくことができます。この例は、一つの単純なものが、さまざまな触察経験を生み出すことができるということを示しています。こうした活動経験や触察経験をたくさんした子どもは、お皿に出てきたリンゴしか触れたことのない子どもよりも、リンゴが何であるかについてはるかによく理解しています。

＜親の役割＞

　盲児の触り方をみると、その子どもがどのような触察経験をしてきたかがよくわかります。たとえば、「ここにスイカが丸ごとあります」と言うと、スイカがどのようなものであるかの体験的知識を持っている子どもは、腕を大きく開いて前に出します。スイカが大きくて重いことを知っているのです。しかし、スイカのことをあまり知らない子どもは、それがオレンジより大きくないと予想して片手を差し伸べるかもしれません。

　子どもがさまざまなことを経験することができるように親ができることはたくさんあり、それは親の重要な役割でもあります。だからといって、特別に遠出する必要はありません。たとえばスーパーに行けば、いろいろな果物や野菜、花の感触や香りを体験することができます。小さく切った試食用の果物を店員がくれることもあり、盲児に味を紹介する体験としてはそれで十分です。もちろん、子どもは自分の周りにあるすべてを体験できるわけではありません。それをしたら、子どもが疲れるだけです。したがって、スーパーを訪れるごとに何か一つ、新しい要素を紹介するくらいの程度がちょうどよいでしょう。こうした配慮によって盲児は楽しい経験を重ね、やがてスーパーに行くことが楽しみになるでしょう。それにともなって、体験に基づく知識がだんだん増えていきます。

＜モノの機能に気づくための体験＞

　モノの名称だけでなく、それが何のためのモノで、どのように用いられるのかについて体験的に学ぶことは、盲児にとってとても重要です。たとえば、発達の初期段階である幼児期には、容器や戸棚にモノを出したり入れたり、さまざまな戸棚の扉を開閉したりする行動を飽きることなく何度も繰り返し行うことがよくあります。ボールを転がしたり、おもちゃの車を走らせることもみんな大好きです。こうしたことを繰り返し体験する中で、子どもは、戸棚や容器の機能を発見し、すべてのものが転がるわけではなく丸いものだけが転がることに気づきます。写真は、砂をふるいにかけると網目から砂が机の上に落ちてくる体験を通して、ふるいの機能を発見している盲児たちの様子です。このように、盲児が自分の手で砂が穴を通過するのを実際に感じることができるからこそ、その機能を理解することができるのです。

図10　砂ふるいの機能を発見する

3.10　継時的な知覚

　大きなものを触察によって捉えるためには、優れた「継時的知覚能力」（大きなものを順を追って指先で触察しながら、継時的に入力されてくる断片的な情報をつなぎ合わせて意味のある全体を形成する機能）が必要です。両手で一度に全体を把握することのできるものには当てはまりませんが、地図や大規模な空間は、一度で全体を捉えることができないので、部分部分を順に触察する必要があります。したがって、盲児は優れた記憶力を必要とします。一つ一つの情報をすべて覚えておいて、それを統合する必要があるのです（3.7参照）。触察によって対象のイメージを正しく構築するためには、情報を空間的に正しい順序に配列する必要があります。もし、盲児が触察した情報の一部を忘れてしまったら、子どもの心的イメージは完成しません。盲児が「絵の中の家には煙突があったか」といったような質問に答えるためには、触図の細部までかなり注意深く時間をかけて触察しなければ知ることはできないのです。

＜情報処理能力＞

　すべての盲児が触察した時の印象を同じように記憶し、統合できるわけではありません。子どもが記憶し、統合することのできる「情報処理能力」は一人一人違います。一般にその処理能力は、成長にともなって向上するとともに、積極的な活用や練習によっても高めることができます。盲児が初めてオランダの地図を触察するとき、すべてが彼にとって新しい情報です。初めての地図の正確な形を記憶し、認識するためには多くの時間がかかります。しかし、何回も触察経験を重ねると、初めてのときよりもはるかに簡単に触地図を捉えることができます。たとえば、特徴的な形をしたオランダの北端に浮かぶ Wadden 諸島を知っていれば、今自分が国の北部を探索していることが分かります。そして、この位置を基準点として用い、地図をさらに詳しく調べることができます。

　この例は、触察の印象が、経験と既存の知識に関連していることを示しています。点字を読む過程もその一例です。最初はすべての形が新しく、点字を勉強するのにかなりの時間がかかります。短い文を読むだけでも、子どもの情報処理能力に非常に大きな負担を強いることになります。しかし、子どもが点字に慣れるにつれて単語を早く認識し、スムーズに読めるようになるでしょう。次第に読書速度は向上し、長い文章も読むことができるようになります。

　このように触察は、初めて触るモノのイメージを捉えるために、多くの時間を必要としますが、経験と知識の積み重ねによって素早く認識することができるようになるという特徴があることを私たちは十分理解し、触察に必要な時間をあせらずじっくりと準備することが大切です。

＜知覚の速度＞

　触察の速度は、その情報がどのように受け取られ解釈されるかに大きく影響します。た
とえば、指で線をなぞるときは、曲線を感じられるように速度を調整する必要があります。
指を動かす速度が遅すぎると、曲線の方向の変化はほとんど認識されません。歩行におい
ても同じことが言えます。非常にゆっくり歩いていると、道がゆるやかにカーブしている
ことに気づかないでしょう。一方、細部の認識のためには、ゆっくりと適度な速度で触察
することが重要です。そうすれば、触察の印象はより正確になるでしょう。

3.11　触察経験に基づく概念の記憶情報

　「触察経験に基づく概念の記憶情報」は、触覚を通じて収集された情報の保管場所とし
て機能します。これがどのように行われるかは、個々の子どもの情報の処理能力や理解力
に影響されます。すべての子どもは、知識、好み、過去の経験、興味、知性、性格などに
応じて、新しい情報を処理し、保存する独自の方法を持っています。つまり、子どもはす
べて、情報をカテゴリーに分類し意味のある知識に変えるための方法を、個々に持ってい
るのです。

＜触察経験に基づく概念の記憶情報の量＞

　すべての盲児が同じように触察経験に基づく概念を記憶し蓄積しているわけではなく、
特定の概念の情報量がそれ以外に比べて多いなど、個々に偏っている場合もあります。触
察経験に基づく概念の情報量を増やしていくためには、まずは身近な環境を主体的に探索
して体験を積みあげることが、何より大切です。たとえば、お気に入りの椅子に座ってい
るだけではそのイスの触覚的情報は得られても、床面の情報を知ることはできません。子
どもをイスから降ろして床に座らせてみると、硬いものや柔らかいもの、冷たいものや温
かいもの、つるつるしたものや毛むくじゃらのものなど、床の表面はすべて同じではない
ことにすぐに気づきます。このような床面や質感の違いを発見する経験が、子どもの触察
経験に基づく記憶の蓄積に大きく貢献します。

　盲児の個性も、触察経験に基づく概念の記憶情報の量に影響します。周囲の環境に興味
をもち、促されなくても自ら探索することが好きな盲児もいます。一方で、おそらく小さ
い頃に怖い経験をしたために、ためらいがちで、これまで経験して知っているものだけに
こだわる盲児もいます。実際に盲児の中には、恐怖心や、視覚的な刺激が得られないとい
う理由から、単純に探索する気持ちになれない子がいます。こうしたときには、音の出る
おもちゃなどで盲児の好奇心を喚起し、音源に向かう動きを促します。特に乳幼児期は、
親がいつもすぐそばにいて安心感を伝えることが、未知の外界へ盲児が主体的に動き出す
自信を与えるために大切です。そのようにして親は、「子どもの発見の旅」を励まし、誘
い、導くことができます。自発的な探索が難しい盲児の場合は、「子どもに外界をもたらす」

大人のかかわりが大切です。そうすることで、子どもが自分ではなかなか見つけられないことを経験させることができます。これは、運動機能に障害のある子どもにとっても重要です。

　また、子どもの思考能力と情報処理能力のレベルも、触察経験に基づく概念の記憶情報の量に影響します。

　その情報がどのように蓄積されていくかは、初めてそのモノに触る時の経験の仕方・質によって決まります。例えば、植物や花の束を手にしたとき、もし植物の尖った葉が不意に肌に刺さると、子どもはびっくりして、その出来事を不快な経験として記憶してしまいます。しかし、子どもが前もって葉の先が尖っているなど、その植物について知っていたならば、そのときにさほど不快な思いをしなくて済みます。そして、お父さんやお母さんの助けを借りてその植物のつぼみや花を探ってみると、気持ちが大きく変わり、その経験は肯定的なものとして記憶されるでしょう。そして、いつ芽が開き花が咲くのかを、親に尋ねたりもするかもしれません。

図11　植物を触察する

＜触察経験に基づく概念の記憶情報の質＞

　それぞれの盲児の触察経験に基づく概念の記憶情報は、量が異なるだけでなく質も異なります。また、特定の概念についての新しい情報が加わるたびに（第2章を参照）、蓄積される情報の順序と構成は更新されていきます。それにしたがって、概念はより包括的かつ具体的になります。こうした記憶情報の質を向上させる過程には、いくつかの側面が関

係しており、その一つが記憶です。記憶は、新しい経験と、それに関連する以前の経験を見出すためにとても重要であり、新しい触察経験の情報をどのように捉えるかは既に持っている理解と知識といった記憶によって決まります。初めて触れるモノのディテールと、これまで触れたことのある別のモノのディテールから、その関連を見出すことができるかどうかが大切なのです。たとえば、砂ふるいの砂が網目の穴から落ちて消えることを発見した子どもが、ざるの穴から水が無くなることとの共通性に気づくことができれば、穴が何のためにあるのかという理解がさらに深まります。

　触察経験を積み重ねることによって、より質の高い記憶情報が構築されていきます。たとえば、子どもはさまざまな椅子を体験するたびに、「椅子」とは何かという理解が深まります。そのためには、同じものをできるだけ多くのバリエーションで体験させることが大切です。たとえば、家具屋さんに行っていろいろな種類の椅子に触れてみることで、椅子には肘掛けがあるものとないものがあり、竹や木、金属などでできているものや、高いものと低いものがあり、脚は3本のものもあるがほとんどが4本であることなどを、盲児はすぐに理解するでしょう。このような体験活動は概念の形成を促し、保存されている触察の記憶情報の質も向上します。

3.12　視覚的な記憶情報

　病気や事故、または徐々に視力低下したことにより、中途で盲や強度弱視になった子どもは、広範な「視覚的な記憶情報」をもっていることがあります。この記憶情報には、まだ目が見えていた頃の経験や概念のすべてが含まれています。子どもがこの視覚的な記憶情報をどのように使っているかを理解することは、とても重要です。例えば、その情報は今でも子どもの行動と関連しているでしょうか。関連している場合に、その視経験はいつ頃まであったでしょうか。また、子どもが今でも視覚的な記憶情報を活用して、新しい触察体験を「視覚化」しているのでしょうか。こうした視点からの理解が大切です。

＜視覚化＞

　「視覚化」という用語は、感じるすべてのものを視覚的イメージに置き換える傾向のことを意味します。私たちが目を閉じて指で穴あけパンチを触察すると、頭の中に穴あけパンチの絵が浮かんでくるでしょう。これは、目の見える人だけではありません。中途障害により、視覚から触覚へと切り替えなければならない子どもたちにも起こります。失明して間もない彼らにとって、触察経験を通した記憶情報はまだ小さすぎるために、触覚だけでは情報を理解するには不十分なのです。したがって、それよりはるかに大きな量の、信頼できる視覚的な記憶情報に頼ることになります。彼らは穴あけパンチがどのように見えるのかを知っていて、それをもとに、穴あけパンチを触って認識するでしょう。触察の印象は視覚的なイメージに変換されるのです。

＜触察への移行＞

　中途失明の子や視力が低下して強度弱視になった子どもたちの中には、視覚を「手放し」て、未知で未経験である触覚を主たる手段としていくことを難しく感じる子もいます。彼らは触察を通して入ってくる情報がどの程度信頼できるかを知りません。これは、進行性の症状のために徐々に視力が低下する子どもに、特に当てはまります。視野がかなり狭くなり、視力が低下しても、彼らは触察による情報が正しいかそうでないかを確認するために視力を使い続けます。このとき親は、視覚から触覚への移行を見守り、強制をしないことが大切です。触察を優先し、目で見ないように強制すると、抵抗感を引き起こしてしまうでしょう。彼らは未知の領域に立ち向かっており、それは恐ろしい経験にもなり得ることから、抵抗するのは当然のことなのです。新しい情報チャンネル（触覚）を介して入ってくる情報は信用できないもので、視覚を活用しなければ何も行動できなくなってしまうと感じるかもしれません。触察に移行することで、保有視力が失われると恐れている子どももいます。

　事故や重い病気のために、視覚から触覚への移行を突然、余儀なくされる場合もあります。これは、子どもにとって大きな精神的負担となります。触覚活用を促す指導をする際に私たちは、このことを十分に考慮する必要があります。失明して間もない初期段階では、子どもは十分な視覚的な記憶情報を保持しており、ほとんどの子どもは喜んでそれを活用します。さらに視覚的な記憶情報は、触覚を通して得られる新たな情報を理解する手助けにもなります。

＜視覚的な記憶情報と触察の併用＞

　弱視の子の中には、強度弱視で点字を使用する子どもたちがいます。彼らは、文字としては点字を使っていても、学習手段はすべて触覚からというわけでなく、保有する視機能を用いることができる場合もあります。見て、輪郭や色がぼんやりとでも知覚できれば、対象物を認識したり、人の位置を知ったりすることが容易になります。オレンジの香りと形は別として、その色は有用な追加情報です。もちろん、保有視力だけを使わせるのでなく、触察技術も活用することが重要です。

第4章

イントロダクション（実践編）

図12

　実践編では、子どもと一緒に遊べる触覚ゲームのアイデアと教材について紹介します。ゲームは、触覚と機能を評価する「Tactual Profile」で用いられるカテゴリーにしたがって分類しています。オランダやフランダースの視覚障害児のためのほとんどのリハビリテーションセンターや学校では、このツールがすでに使用されており、その英語版は世界中で人気を集めています。

「Tactual Profile」は、4つのカテゴリーに分かれています。
- 触感覚機能
- 触運動機能
- 触覚的認知機能
- 実践的なスキル

最初の3つのカテゴリーは、次のように言い換えられます。
- 触感覚機能：触覚と触知覚
- 触運動機能：触探索・手指操作・移動
- 触覚的認知機能：触察と概念形成

＜触覚と触知覚＞

　このカテゴリーの触覚スキルは、偶発的で受動的な知覚に関する内容です。この段階ではまだ、子どもが感じていることに意味付けをする必要はありません。この領域の遊びの一番のねらいは、探索意欲を引き出すことです。ゲームを通して、自分の体についてもっと知り、周囲と比べてどれくらい大きいか小さいかを意識するようになります。また、これらのゲームは、微細運動の発達も促します。

＜触探索・手指操作・移動＞

　このカテゴリーは、手の動かし方の能力を刺激するアクティブなゲームが含まれています。それらの遊びを通して、子どもの主体的な探索を引き出すことができます。また、粗大運動や微細運動の発達を促すいくつかの遊びを紹介します。なかには、両手の協応を促す運動もあります。

＜触察と概念形成＞

　このカテゴリーのスキルは、触って得た情報を理解することです。子どもが成長するにつれてますます重要になるこのスキルは、自宅での指導でも伸ばすことができます。また、空間認知能力を高めることもできます。

＜実践的なスキル＞

　このカテゴリーは、日常生活で必要とされる実用的なスキルで、他のカテゴリーのスキルが土台です。日常生活動作の獲得を促す活動や、視覚障害のない子どもも遊ぶことができるボードゲームなどが含まれています。それらのゲームを通して身に付けた日常生活動作は、実生活で活きていきます。

　ここに出てくるゲームは、4つのカテゴリーのうちのどれかに分類されます。そして、さらに「Tactual Profile」に従ってサブカテゴリに分けられます。この検査は、オランダとフランダース中の盲児の触覚スキルを評価するために使われるものです。「Tactual Profile」の詳細については、www.tactualprofile.org をご覧ください。このサイトには、この検査がどのように使われているかを示す映像資料もあります。

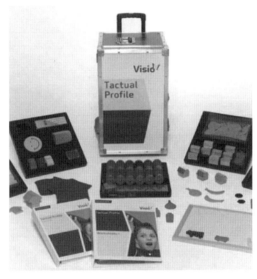

図13　タクチュアルプロファイルボックス

＜年齢区分＞

　触覚ゲームは、次の年齢カテゴリに従って大まかに分けられています。以下に記載した年齢はあくまで目安ですので、子どもの興味・関心に応じて遊びを実践してください。

- 乳児：0〜1歳未満
- 幼児：1・2歳
- 就学前児：3・4・5歳
- 小学生
- 思春期

　高校生以上対象の活動については、あまり紹介していません。ここでは、12歳くらいまでの子どもたちを対象とした活動について説明します。

＜発達段階＞

　子どもの生活年齢だけでなく、発達段階を意識することを忘れないでください。すべての子どもが「自発的に探索できる」わけではありません。消極的なままだったり、異なる刺激を必要としたりする子どももいるでしょう。時には、自宅での実践的なスキルを育てるのが難しいこともあるでしょう。子どもたちは、学校へ通い、周りに追いつこうとするだけでも、とても大変です。特に、目の見える子どもたちと一緒の学校へ通っているのならなおさらです。学校から疲れ果てて帰ってきた時に、牛乳を注いだりパンにバターを塗ったりする練習をさせられるのは、辛いことです。そのような時は、年齢の低い子ども向けのスキルを練習させるのが良いでしょう。

＜訓練ではなく遊びとして＞

　家庭で、触覚ゲームを訓練として取り入れていくことは、私たちは望んでいません。それは、早期療育指導員や作業療法士、そして教師の役割です。私たちが願うことは、遊びながら触覚スキルを身に付けさせていくということです。触覚は、盲児が情報を取り入れる最も重要な感覚です。

　この本で紹介している方法の中には、すでに知っているものもあるかもしれません。初めて知るものばかりではないと思いますが、この実用的なガイドが参考になることを願っています。

＜実践における基本的な考え方＞

　実践編を読む前に、実践における基本的な考え方をいくつか紹介します。

- 触探索を促すために、子どもの周りで音を出したりして、何が起こっているのか興味をもたせます。子どもが好きな物であれば、もっと知りたいと思うでしょう。そのため、子どもが好きな物や、探索したくなるような物を見つけることは、非常に重要です。
- 音の鳴るおもちゃは効果的ですが、それ以外のおもちゃも試してみましょう。音が鳴ると、音に集中しすぎて触覚に意識が向かなくなることがあります。さまざまな手ざわりの物を触らせるのも、楽しく探索させるためのコツです。
- 盲児にとっては、物を探索することとは別に、自分が出した音を聞くことも楽しいことです。たとえば、校門に白杖を当ててカチカチと音を立てたり、ビンを叩いて空かどうかを確認したりして、音を楽しむ子どももいます。
- ある程度の視力のある子どもたちには、触覚だけでなく視覚も用いるよう促しましょう。輪郭を認識することができたり、色や動きが見えたりする子もいます。それらの見え方を考慮しながら、おもちゃを選ぶと良いでしょう。色が見える子どもには、カラフルなおもちゃを準備し、簡単に見つけられるようにしましょう。輪郭を認識することができる子どもには、太い凸線で描かれた絵を活用することができます。それに

よって、彼らは視覚と触覚の情報を同時に受け取ることになります。弱視児の中には、低視力のため文字を読むことができなくても、写真や図なら見える子どもがいます。これは、彼らがもう少し成長した時に、地理、生物学、数学などの授業で活きてくるでしょう。動きや輪郭を認識することができると、それを空間定位の手がかりとして活かすことができます。保有視力を適切な状況で使えるようにするために、子どもがどれだけ見えるかを正確に知ることが重要です。もちろん、危険な状況は避けなければなりません。空間定位をするのに十分な視力があるかどうかの観察・評価は、歩行訓練士と連携すると良いでしょう。

● 毎日のスケジュールが構造化されていたり、物の置き場所が固定されていたりすることは、視覚に障害のない子どもにとっても分かりやすく、盲児にとってはより大切です。

● 盲乳幼児に新しいおもちゃや物を紹介する時は、それを一度だけではなく繰り返し呈示する必要があります。繰り返すことで、子どもはおもちゃを認識し、それに慣れていくでしょう。しかし、どこかのタイミングで、おもちゃの種類を変えなくてはなりません。同じことに繰り返していると、子どもは特定のパターンでしか動けなくなります。盲児の中には、「行動をパターン化する」傾向がある子もいます。パターン化された行動は見通しが立つので、子どもはそれを好みます。しかし、そればかりでは新しいことを経験できないため、あまりお勧めできません。

● 新しいおもちゃを紹介する時は、それがどのようなおもちゃか、どのようなことが起こるのか、丁寧に説明してあげましょう。視覚に障害のない子どもは、見えているので出来事を予測することができます。例えば、大きなケーキがテーブルに運ばれてくるのを見ると、歓声を上げたり、テーブル上のスペースを空け始めたりします。しかし、盲児は、ケーキと子どもの歓声や、テーブルのスペースを空けている音などが一連の流れだということに、自然に気づくことはできません。何が起こっているのかを丁寧に説明することは、盲児が活動に参加するためにとても大切です。触った感覚も言葉で説明することができます。靴のソールは「しっとり」と感じることがあり、テーブルには小さな「へこみ」があることがあります。このようにして伝えることで、子どもは自分が感じていることに名前を付けることを学んでいきます。このような「触覚語」(触覚で捉えた状態を表す言葉)については、第7章で説明しています。

● 実践編に出てくる活動は、何も「特別」なものではありません。日常生活の中で設定することもできます。たとえば、園芸用品センターに行くことは、探索するための良い機会となるでしょう。盲児は、より多くの説明を必要としていて、日常生活の中で説明を聞きながら物を触らせる経験を積ませることが大切です。

● 視覚障害児・者のための専門の施設では、おもちゃの貸し出しもしています。子どもの早期支援の指導者や作業療法士が、おもちゃについてアドバイスします。

● この本では、すべてのことを伝えきれません。想像力と創造性を使って、盲児が近所

の友達と一緒に楽しめるような遊びを考えましょう。それには、たくさんの時間と労力が必要ですし、上手くいかないこともあるでしょう。しかし、自由な発想をもち、フェルトステッカーや触覚シール、のり、パスタなどを使ってゲームを生み出してみてください。下の写真でわかるように、ゲームのルール（この場合はツイスター）を変えてしまうこともできるのです。

図14　ツイスター

＜知っておいた方が良いこと＞

- あなたの子どもは特定の好みやこだわりがありますか。子どもはよく柔らかい布でできた服を着たがりますが、特定の素材にこだわることはありますか。そのような子どもの好みやこだわりの傾向について、知っておきましょう。

- あなたが関わっている子どもは、促されなくても自分から探索しますか。それとも、こちらから物を触らせる必要がありますか。自分から探索しようとしない場合には、近くに好きなおもちゃを置いてみてください。それを発見するときっと喜び、さらに探索してみようという気持ちになるはずです。

- 子どもの反応には細心の注意を払ってください。その経験が楽しかったか、怖かったか、それとも刺激が強かったか、またそれをやりたいと思っているのか、それとも二度とやりたくないと思っているのかなどの反応を読み取ってあげましょう。子どもが触れたものに本当におびえているならば、繰り返すことを強制するのは逆効果になってしまいます。新しいおもちゃに出会ったときに、このような反応をすることは珍しくありません。慣れるためには時間が必要なので、しばらくはそれを遠ざけておきましょう。

- 触覚的に変化の富んだ素材を触ることや人との関わりを、子どもは嫌がりますか。もしそうなら、早期療育指導員や作業療法士、または学校の先生にそのことを伝えてください。このことについての詳細は、第1章「刺激に対する反応」を参照してください。

第 5 章

触覚と触知覚

5.1　触覚への気づき

　ここでは、手にものが触れて、それを知覚し、反応することを触覚への気づきと呼びます。タオルに包まれたり、マットの上で寝転んだりしている乳児の様子を思い浮かべてください。安全であることと身体と身体を触れ合わせることは、発達の初期段階において何よりも大切です。乳児は、それらを通して物や自分以外の人の身体、そして自分自身の身体について理解していきます。授乳中や、お風呂で乳児の体を洗ったり拭いたりする時などに、身体的な接触があります。これらの日常的なかかわりを通して、触れる、抱きしめる、くすぐる、マッサージをするなどの遊びを行いましょう。盲乳児の手を口に持っていったり、手と足を合わせたりするような、動きのある遊びも取り入れます。盲乳児に対して行った動きを言葉に表したり、子どもの好きな歌を歌ったりすることも良いでしょう。

＜一緒に移動すること＞

　抱っこをして移動することで、赤ちゃんは親の存在を身近に感じることができます。盲乳児はあまり自分から動こうとしないため、抱っこは移動の経験を積む機会にもなります。盲乳児が心地よく安心して過ごせるよう心がけましょう。動きに慣れるようにするために、姿勢は少しずつ変えましょう。急な動きをすると、怖がったり不安になったりしてしまうので、気をつけてください。不快感を感じているようであれば、少しきつく抱きしめてみましょう。

図15
母親の膝の上に乗る

＜さまざまな触り心地の素材＞

　盲乳児をマットの上に寝かせたり座らせたりする際には、クッションやベビーサークルなどを使うようにしましょう。盲乳児が触れる部分の素材を変えれば、さまざまな触り心地の素材に触れる経験を増やすこともできます。タオルや羊毛、毛布、プレイマットなどを使うと良いでしょう。服や身体をくるむブランケットの素材（柔らかいカーディガンやコーデュロイのズボン、滑らかなコートなど）も触覚を刺激します。時々うつ伏せで寝かせることも、盲乳児の発達につながります。あまりうつ伏せで寝ようとしない場合、大人の胸の上や足の上に乗せてみるといいでしょう。身体が触れ合っていることで安全であることを実感します。これから何をするのかを盲乳児に伝えましょう。親の声で盲乳児は安心し、何が起こるか期待することができます。

　いろいろな触り心地のものに触れさせるときには、不快感のサインに注意してください。盲乳児がびっくりしたり、固まったり、手をぎゅっと握ったりすることがあります。これは、楽しんでいないというサインです。

図16
ベビーサークルマット

5.2 外界への気づき

　盲幼児が周りの環境の中の人々や物を認識し始めるためには、まずはそれらの存在に気づく必要があります。人や動物、モノなど、気づくべきことはたくさんあります。例えば、パーツが動いたり外れたりするもの、取手のないコップや歯が欠けている櫛など、見慣れたもので形が変わったり欠けたりしているもの、表面の触り心地が変化するものなどは、触覚的に面白いので、注意を向けやすいでしょう。また、触ると音の出るものは、聴覚と触覚を関連づけることに役立ちます。

　物に気づいて探索すればするほど、盲幼児の物への認識が育ちます。触ったものがどこかに「消えて」しまうより、探せばまた見つけられる方がはるかに嬉しいので、クッションやベビーサークル（柔らかい素材の壁で空間を区切ることができるもの）を使って、子どもの探索スペースを区切ってあげましょう。おもちゃを手の届く範囲内に置いたり、吊り下げたりすることもできます。そうすると、手だけでなく、足や口を使って物に気づくこともできます。

　盲乳児の反応を見れば、楽しんで触っているかどうかがわかります。楽しんでいないようであれば、別の物に変えたり、子どもの身体の位置を変えたりしてみましょう。背中やお腹で感じたり、あなたの膝の上など弾力のある場所に座りながら触ったりすると、より快適に感じるかもしれません。そしておそらく、お母さんやお父さんと一緒に探索するほうが、安心感を感じられるでしょう。

図17　スカーフやおもちゃの付いたアーチで遊ぶ

＜乳幼児＞

　身の周りにあるすべてのものによって、物事への気付きは育まれていきます。さまざまな触り心地のものや、はみ出していたり動いたりする部分があるものなど、触って楽しいものを選んで子どもに与えましょう。「Activity centres」（複数の機能が集合したおもちゃ。以下、アクティビティセンター）には、でこぼこ・つるつる・ふさふさなどのいろいろな手ざわりのおもちゃが付いています。ガラガラのような玩具を一緒に持って鳴らしてあげ

ると、子どもは自分一人でも鳴らせることに気づくでしょう。

　あなた自身も盲児がいろいろな発見をするための教材になります。盲児にあなたの顔や手などを探索させましょう。あなたの服にも面白い特徴があるかもしれませんし、ひげや眼鏡、腕時計もあります。子どもが探索している時、顔を引っ張った動作に合わせて面白い音を立ててあげると、とても楽しい遊びになるでしょう。

図18　異なる触り心地のおもちゃ

＜アイデア＞

　台所の食器棚には、探索したくなるような素材がたくさんあります。コップ、ボウル、木製やプラスチック製・金属製のスプーン、さまざまな種類のブラシ、泡だて器などです。蓋が蝶番式になっている容器や昔ながらのコーヒーミルなどの動かせるものは、触るのが楽しいでしょう。子どもは一人でも遊び方を発見するかもしれませんが、まず一緒にやってみるのも良いでしょう。

　家の中の床面や屋外の路面でも、たくさんの触察経験ができます。どんな家庭にも、手のひらや素足を使って探索できる、いろいろな種類の床面があります。あなたの子どもは敷居に気づいていますか。それぞれの床面の質感で自分がどこにいるかがわかるので、空間定位の力を育むことに繋がります。床面の認識は、歩行訓練の重要な要素です。庭や森のような屋外の環境にも、草・砂・苔・小石・枯葉・木の枝・花など、たくさんの探索の機会があります。

5.3　ボディイメージ

　ボディイメージは、目的的な動作をするための基礎となります。自分の体をコントロールし、空間を安全に移動するために必要な感覚です。例えば、タイピングを学ぶためには、それぞれの指が何をしているのかを正確に知る必要があります。階段を上りたい時は、足が何をしているかを知る必要があります。このようにして、盲児は自分の身体のさまざまな部位がどのようなものなのか、どこにあるのかを学びます。それから、自分と他人の身

体を比較するようになります。また、ボディイメージは自己認識を育み、自分と他者が独立した存在であるという感覚を育みます。

＜乳幼児＞

　身体を動かす遊びは、盲児のボディイメージを刺激するのに最適です。日常的なかかわりの中で、身体部位の名前を言いながら子どもが気づきやすくなるように少しこすったり、くすぐったりしてみましょう。子どものボディイメージを刺激するのに、マッサージは良い方法です。ほとんどの子どもは、歌ったり、誰かと手足を動かしたりすることが大好きです。例えば、「私の小さいほっぺ」（オランダの子ども向けの歌「These are my little cheeks」）や「幸せなら手を叩こう」「あたま・かた・ひざ・ぽん」など、身体部位に触る動きのある歌はたくさんあります。他者や人形のボディイメージの意識になると少し複雑です。小さな鈴がついたブレスレットや靴下を子どもの手首や足につけると、その音で自分の手や足がどこにあるのか気づくことができます。そうすると、子どもは自分の手や足がどこにあるのかを意識するようになり、自分から手を伸ばすようになります。

＜就学前児と小学生＞

　盲児が身体に目を向けるような活動をしてみましょう。例えば、あなたの靴を履かせてみると、足の大きさに着目するでしょう。手袋でも同じことができます。子どもと隣同士に立って、腕の長さや太さ、細さを測ることもできます。また、どちらが背が高いかを測ることもできます。そのとき、どちらか１人がしゃがんだりイスの上に立ったりすると、誰が一番、背が高くなるのか、踏み台を何段登ると、お父さんと同じ身長になるのか、といった活動もあります。

　指だけでもさまざまな面白い活動ができます。一番長い指、短い指、太い指、細い指はどれでしょうか。また、体のさまざまな部分の比較もできます。手と頭では、どちらが大きいか、腕と足ではどちらが長いか、といった活動です。

　家の柱に子どもの身長を刻んだりすることがよくありますが、触ってわかる印を使って、家族全員の身長を壁記録するのも面白いでしょう。数年前みんなの身長はどのくらいだったのか、小さい頃の自分の身長はどのくらいだったのかなど、子どもも親も一緒になって、その変化を楽しむことができます。

　他者のポーズをまねっこする遊びをすると、子どもは自分の姿勢を意識することができます。一人の子どもが彫刻のようにポーズをとり、もう一人の子どもはそれを触ってポーズを真似して遊びます。

図19・20　同じポーズをするゲーム

　敷物やシーツ、カーテンなどの布を使って、いろいろな遊びをすることができます。一枚の布は、子どもの想像力があれば、テントから、空飛ぶじゅうたん、王女のドレスまで、何にでもなれます。このごっこ遊びに親が参加してもいいでしょう。こうした遊びを通して子どもは、さまざまなことを学んでいます。二枚の布はどちらが大きいか、自分よりも大きいのはどの布か、その布の下に隠れて立ったり座ったりできるか、シーツを被って歩くのは簡単か、といったようなことです。敷物に子どもを乗せて運ぶ遊びでは、子どもが部屋の中を探検できるだけでなく、子どもが敷物に包まれることを楽しんでいるか、少しストレスを感じて自由になりたいと思っているかを大人が確かめることもできます。子ど

もがストレスを感じていそうなら、まずは腕や足を布で包むところから始めましょう。

　親が子どもを追いかけてつかまえ、持ち上げたり、前後左右に振ったり、飛行機をしたり、お互いに倒し合ったりするなど、身体全体を使って遊ぶことはとても良いことです。このような取っ組み合って遊ぶ活動は、ボディイメージの獲得を促す良い方法になります。子どもは親の力の強さを経験し、同時に自分の強さを試してみなければなりません。子どもが親を倒すのは簡単なことではないと知るでしょう。

図21　ラグの上で引きずられる子ども

5.4 触覚の感度

　子どもは、手や足や口で触れて探索することで、滑らか・荒い・堅い・柔らかい・冷たい・温かい・ふさふさしているなど、物の性質についての情報を集めます。指先と唇は、触覚受容器と神経末端が密集しているため、非常に敏感な部分です。手のひらと手の甲も同様に敏感な部分です。目の見えない赤ちゃんや幼児では、目の見える子どもよりも、口での探索が長い期間にわたって続きます。手と口を組み合わせると、同時に多くの情報を集めることができるようになります。触覚の感度が高まることで、子どもたちは周囲の詳細な情報を知覚できます。また、両手を同時に使うことは、より大きなものを探索したり比較したりできるため、最も効果的な探索方法です。幼いころから探索を始め、その経験を積み重ねるにつれて、触覚も発達していきます。盲児は、触覚をよりどころにしているため、触覚を最大限に活用する方法を学ぶ必要があるだけでなく、触って探索する経験をできるだけたくさんする必要があります。盲児がさまざまな触覚面に触れる経験が大切ですが、さらにそれを記憶するためには、繰り返し触って探索する必要があります。盲児が納得のいくまで探索することができるように、常に十分な時間を取ってあげましょう。

＜乳幼児・就学前児＞

　身の回りのさまざまなものを触らせましょう。例えば、盲児が膝の上に乗るたびに、あなたの着ている服に触れることになります。チャックや、スカーフ、刺しゅうやネックレスがあると、探索がより面白くなるでしょう。さまざまなものに触れられるように、盲児の服を選びましょう。異なる手ざわりの布や盛り上がったプリントなどに出会わせると、盲児の触察の記憶情報は増えていくでしょう。それぞれの感触の違いに気づき発見すれば、自分から積極的に探索をするようになるでしょう。あまり触りたがらない子どももいますが、歌を歌うなどすれば気分がのるかもしれません。

　部屋の中を動き回れば、家具に身体が触れます。家具を通しても、たくさんの発見があるでしょう。装飾品の布やボタン、縫い目やでっぱりなどの素材や、あらゆるものの細部を探索させてみると良いです。その際には、テーブルの角が尖っているなど、リビングルームには「危険なもの」があることを紹介することも忘れないでください。一人で探索したがらない場合は、一緒に行っていろいろなものを説明してみましょう。それをきっかけに、探索の意欲がわくかもしれません。まずは、一番身近な家具から探索を始めます。そこが空間定位の基準点となります。

　乳幼児用のおもちゃには、凹凸や隆起、布地の質感など、さまざまな触覚を体験できるものがたくさんあります。幼児や就学前児を（そしてもちろん小・中学生も）庭や浜辺に連れていき、葉っぱや貝殻、松ぼっくり、どんぐり、石、カタツムリの殻やかぼちゃなど、自然の素材を集めてみましょう。

図22　自然の材料

　こうした活動はいずれもさまざまな触察経験の機会となりますが、口を使って探索している段階の子どもの場合、衛生面に気を付けて触らせましょう。子どもが触っている時に手の届かないところに物が転がっていかないように、ふちの高い容器やトレイを用意し、その上に置いて触らせると良いでしょう。台所の食器棚には、触覚を刺激する素材がたくさんあります。子どもたちは、容器に入ったお米やパスタ、豆などをいじることが好きです。これらは触感だけでなく音も楽しむことができます。

＜就学前児と小学生＞

　お母さんやお父さんが料理をしたりケーキを焼いたりすると、たいていの子どもは台所でお手伝いをしたがります。食べ物でもさまざまな触察の経験ができます。食材は、調理されていない状態と、お皿に盛られた状態とでは大きな違いがあるので、お鍋に入れる前にどんな状態なのかを子どもに確認させましょう。例えば、お米は、パッケージのままと炊く前の米、炊いたご飯などを触らせましょう。キャベツでは、まるごとと千切りキャベツ、茹でたキャベツなどを触らせます。ジャガイモでは、皮を剥く前、皮をむいた後、茹でたジャガイモなどを触らせましょう。八百屋ではいろいろな果物と野菜を売っています。名前を伝えながら、子どもに探索させましょう。ブロッコリーとカリフラワーのような、似たような野菜もあります。一緒に探索して、違いを説明しましょう。

　ピザやビスケット、ミートボールを作るときには、子どもと一緒に材料をこねましょう。一つ一つの材料の感触は異なり、混ぜ合わせるとまた違った感触になります。ほとんどの子どもはこのような活動が好きですが、触覚過敏の子どもの場合、手がベタベタになるのを嫌がることにも留意しましょう。

　家の中や周辺には、探索の素材がさまざまあります。たとえば電気のスイッチのように、大人にとっては日常的に使っていて面白いと思わないものでも、盲児が触ったことがないものは実はたくさんあります。あなたが気づかないものでも、盲児にとっては触覚や聴覚を通してとても面白いと感じられるものもあるのです。白杖で扉の縁をたどっているとき

にカタッ、カタッ、カタッと音がすると、盲児はそれに注意を引かれるでしょう。盲児に環境の隅々まで探索するように促すことは、触覚の感度を高めるだけでなく、空間定位のスキルを高めることにもつながります。盲児は通常、手で触って探索しますが、素足や、白杖を持っていればそれでも探索することもできます。

図23
白杖でゲートをたどる

　家の壁を探索していくうちに、触り心地がそれまでとは変わる場所があることを発見するでしょう。たとえば壁からじゅうたん、窓枠から窓ガラス、そしてドア枠からドアへの触感の変化に気づくでしょう。足の裏からは、家の床や外の地面の情報が伝わってきます。多くの場合、盲児はそれを手で触って確認したいと思うでしょう。このようにして盲児は、柔らかい・硬い・滑らか・鋭い・粗い・隆起しているなどの概念理解を深める経験をしていきます。盲児が感じた、さまざまな触り心地を言葉で伝えてあげましょう。盲児は感じた質感を言葉と結び付けていきます。自分から、あるいは親や先生から「課題」を与えられて、さらに詳しく触って確かめようとするようになったとき、盲児は本当の「触察者」となり、手で外界を視て知ることができるようになります。

　親や教師は、「蝶番、ドアの鍵穴、レターボックス、窓の取手はどこにあるかな？触ったことがある？何のために使うのかな？」などの言葉かけによって、触察による探検の世界へ盲児を導きましょう。

　外に出ると、盲児にとって全く新しい世界が広がるでしょう。さまざまな舗装や地面の触感のあることが確認できます。将来的には、盲児は白杖でこすったり転がしたりして地面の様子を知ることができるようになります。舗装の端、マンホールの蓋、面取りされた舗装、電柱、溝、タイルの接合部など、道路は細かい情報でいっぱいです。最初は足や白杖で触れることでそれに気づくことが多いですが、子どもたちは手で確認することも好みます。

5.5　固有感覚

　私たちは体の筋肉、腱、関節の感覚によって、自分が空間のどこにいるのかがわかります。また、私たちは、自分の身体の各部がどこにあるか、どう動いているかがわかります。この感覚を、固有感覚といいます。

　固有感覚は深部感覚とも呼ばれます。私たちは、身体を動かしたり、姿勢を変えたりしても、バランスを崩さずに立位姿勢を保持する必要があります。そのために筋肉を調整してバランスを常に保持できるのも、固有感覚の働きがあるからです。物をつかみ、拾い、動かすときにどれぐらいの力が必要かを調整するのも、運動の方向を認識したり記憶したりすることと同様に、固有感覚の働きによってなされます。これらはすべて、子どもが主体的に動き回り身体を動かすことで学んでいきます。

　盲児は、視覚に障害のない子どもと比べて、周りの人からの励ましや促しがないと、自分から動くことが難しい状況にあります。その一方で、触察という行為は、一定の姿勢を保持し、腕や手の筋肉の収縮量をコントロールする能力が必要です。そのため、固有感覚の能力の発達が必要不可欠です。その発達を促すために、ときには強い固有感覚刺激が必要です。

図24　バランスボードでバランスを保つ

＜乳幼児＞

　膝の上に子どもを乗せて遊ぶ親子遊びは、安全に楽しくバランス感覚を養うことができます。「おうまはみんな」や「ゆらゆらボート」などの歌に合わせて、大人の足の上で、左から右、後ろから前など、いろいろな動きをしてみましょう。子どもが楽しんでいるようなら、だんだんテンポを上げていきましょう。

　また、子どもにさまざまな体勢をとらせることで、いろいろな身体経験ができます。バランス感覚を育てるために、エアベッドや揺れる木馬、ロッキングチェアーなどを使ってみましょう。子どもをマットに乗せて、動かしたり転がしたりするのもいいでしょう。赤ちゃん用のブランコや、幼児用の少し大きめのブランコを使うのも、

お子さんに動きを体験させる方法のひとつです。子どもを膝の上に乗せて一緒にブランコに乗るのもよいでしょう。その時は、動きに合わせて歌を歌いましょう。

＜就学前児および小学生＞

全身を使った遊び

　全身を使った遊びを通して、子どもは自分の身体や筋肉の力の強さについて学んでいきます。子どもがけがをしないように、マットやベッド、大人の膝の上で遊びましょう。大きなマットレスやダブルベッドの上で、お互いを押し合って座ったり立ったりするのも素晴らしい遊びです。

持ち上げたり運んだりする活動

　固有感覚を促進する方法として、砂がいっぱいに入ったバケツ、重い荷物や軽い買い物袋、クッション、小さなイスなどを持ち上げて、運んでみるのもいい活動です。いろいろなものを持ち上げたり運んだりすることで、さまざまな重さを体験することができます。大きなブロックを積み重ねたり、スコップで砂をすくったりするのも重さを感じる経験になります。子どもにとってベビーカーやカートを押すことは、かなり力が必要です。カートが転がって行ったり倒れたりしないように、ブロックや電話帳など、重いものを載せておくとよいでしょう。

注ぐ

　液体を注いだり、ボトルの蓋を開けるためには、最適な力加減を覚える必要があります。お風呂で水とコップを使って遊んだり、砂場で砂とスコップを使って遊んだりすることで、こうした感覚を養うことができます。おもちゃのティーポットでレモネードを注ぐのもいいでしょう。また、子どもにスプーンを使って食べるように促しましょう。こうした経験が、固有覚の発達を促します。

　すべての年齢段階に応じて、筋力向上を図るための効果的な活動があります。公園では、ロープの橋の上を歩く、滑り台を滑る、ターザンロープにぶら下がって滑り降りる、バネのついた遊具で跳ねる、登り棒を滑り降りる、吊り輪にぶら下がる、鉄棒で回る、台車にうつ伏せや座位で乗って前後に動かしたりするなど、いろいろな遊びがあります。

　デアデビル（マーベルコミックに登場する盲目のヒーロー）のような活発で怖いものなしの子どもは、遊園地の大きなトランポリンも楽むことができるでしょう。小さい子ども用の手すりのついたトランポリンを買ってもいいでしょう。インターネットで探すか、早期療育指導員に相談してみてください。

図25
手すり付きのトランポリン
（安全性が第一）

　他には、次のような動きのある活動も、固有感覚を育てるのにおすすめです。

　ホッパーボール、両足用のバランスボードや大きなバランスボード、石けり、腕相撲、柔道、水泳、スキップ、缶ぽっくり、サーカスゲーム。

図26・27・28　一緒にサーカスゲームをする

82

第 6 章
触探索・手指操作・移動

6.1　触探索

　乳幼児は発達の初期段階から、触覚を使って周りの世界を探索し、そして移動し始めます。乳幼児期には、主に口や手、足を使って触探索をします。触探索は、乳幼児期を過ぎても重要であり、年中や年長の子どもたちも触覚を使って環境を探索していきます。どの年齢段階でも、外界への好奇心はとても重要です。もし盲児が自分から動いて探索しようとしていなければ、周囲の物を触らせて探索を促してあげましょう。そうすることによって、子どもの好奇心が刺激され、探索してみようという気持ちを引き出すことができるかもしれません。家の中や周辺には、盲児が実際に触れない限り、その存在を知る機会のないものがあります。例えば、天井、洗面台の鏡、壁の絵、高い木の枝などは、視覚に障害のない子どもは見て存在を知ることができても、盲児にとっては触らなければ知らないということと同じなのです。このように、普段子どもの周りにありながらも、なかなか触れる機会がないものはたくさんあるので、子どもが触れる機会を意図的に用意することが重要です。

＜乳幼児＞

　盲乳幼児が探索したいと思うものは、身の回りにはたくさんあります。例えば、さまざまな布地やリボンがたくさんついているマット、キーキーと音の鳴るおもちゃ、小さな鏡のツルツルした表面などです。また、オルゴールやいろいろな音が鳴るおもちゃも、子どもの探索を促します。さまざまな素材がついていて効果音の出る触る絵本を、買ったり作ったりすることもできます。

図 29　触る絵本

　おもちゃの代わりに、プラスチック製のコップ、ブラシ、おたま、小豆や生米を入れたペットボトル（もちろんしっかりとボトルの蓋が閉まっているもの）、丸めた靴下などの家庭にあるものをベビーベッドやベビーサークルの中に置いたり、側面にぶら下げたりすることもおすすめです。子どもの手にそれらを触れさせ、叩いたり、つかんだりするように促します。幼児はまた、玄関にある靴やブーツでも遊ぶことができます。サイズの違いを発見したり、マジックテープやバックルのような靴の細かい部品を見つけたりするでしょう。そして、お父さんやお母さんの靴を履いてみるように促してみましょう。自分の足と靴の大きさを比較することによって、子どもはサイズの違いを理解するようになります。

　自宅の家具を知ることも、触探索を促すことにつながります。盲児を家具に向かってゆっくりと転がしたり動かしたり、一緒に歩いて近づいてみたりして、家具に接触する機会を手助けしましょう。また、椅子やテーブルの横を通るときに、腕を伸ばすように盲児に伝えると、実際に触って確認し物の大きさを知ることができます。さらに、食器棚の中を盲児に探索をさせることもよいでしょう。子どもが触ってもいいもの、触ってはいけないものを区別するのは少し難しいかもしれませんが、一般的には、すべてのものがどこにあるか知っているほうが、家の中の空間的なイメージを頭の中に描けるようになります。家の中だけでなく庭でも、木、生垣、門、小道、花、小石、動物、野菜など、たくさんの触探索の機会があるでしょう。

　盲児の周りの環境を、できるだけ魅力的にしましょう。たくさんの種類の物を探索できる環境が好きな子どももいれば、順序よく整頓されていて予測して探索できる環境が好きな子どももいます。子どもの環境をできるだけ魅力的にするようにしてください。もし、盲児が自分から探索しようとしない場合には、盲児に向かっておもちゃを転がしたり、手の届く範囲や少し離れたところで音の出るおもちゃを鳴らしたりして、盲児がそちらへ探索するように促すことが大切です。

　状況に応じた即興の歌は、動きと発見を促します。盲児が出会う事物や状況について伝えてください。「このカーペットはとても素敵でふわふわで、くすぐったい」。これにより、

環境がそれほど怖いものでなくなります。

6.2　手指操作

　この本の中では、手や指で事物を操作して、何か特定の働きを成すことを手指操作と呼びます。あらゆる種類の（家庭用の）物を操作するためには、手や指先を協応させて動かすことが必要です。子どもがそれを経験して獲得していく過程が、すなわち微細運動の発達の道筋です。

＜乳幼児＞

　動かして遊べるおもちゃは手指操作を促します。お店には、小さくて単純なものから大きくて複雑なものまで、さまざまな種類のアクティビティセンター（5.2 参照）や「bead mazes」（木製の土台に、複数本の針金が迷路のようについており、球などを動かして遊ぶおもちゃ．日本ではルーピング・ビーズ迷路・ビーズコースターなどと呼ばれる）があります。これらは触探索（「これは何だろう？」）と手指操作（「これを使って何ができるだろう？」）を促します。小さなものは、乳幼児の手の届かないところに置いてください。飲み込む危険性があるのはもちろんですが、そもそも小さいものを探索するための微細運動がまだ十分に発達していないので、小さなものは盲乳幼児の遊びに適していません。いろいろな形のビーズ、リングまたはボタンをひもにくくり付け、それをベビーサークル（5.2 参照）や幼児用の高いイスに取り付ければ、子どもが安全に物をつかんだり、回転させたり、動かしたりすることができます。この他、ねじをまわす、紙を引きちぎる、粘土の大きな塊から少しちぎるなどの活動も、手指操作を促します。

＜就学前児および小学生＞

　アイロンビーズ（アイロンの熱で接着できるビーズ）には、さまざまなサイズがあります。盲幼児には、大きめのサイズのものを使用しましょう。慣れるまでは、ビーズを専用のプレート（筒状になっているビーズを置いて並べられるもの）の端に沿って並べたり、上端から順に埋めたりするような、空間的に構造化された方法でビーズを置いていくと良いでしょう。誰がビーズの列を最も速く作ることができるか、というように、子どもと競って遊ぶこともおすすめです。プレートは、ハート型や動物、丸型など、さまざまな種類のものがあります。

ビーズ通し

　ビーズ通しは、さまざまな遊び方ができる活動の一つです。いろいろな形や大きさのビーズがあり、糸の太さなどを変えることができます。ビニール製のひもを使用すると硬くて曲がらないため、大きなビーズを通しやすく針を使う必要はありません。さまざ

まなネックレスを子どもと一緒に作り、パーティーで身に付けたり、プレゼントとして贈ったりすることもおすすめです。

図30　ビーズの迷路
図31　ボールを転がして遊ぶ家のおもちゃ
図32　生地にビーズを通す

粘土

　粘土は、手指の操作にともない、形が常に変わっていくので、手指操作の力を育むために適しています。盲児にとって、粘土を何かの形に成形することは、はじめは難しいかもしれませんが、蛇やカタツムリ、猫の顔のような動物の形を作る活動はとても楽しいことなので、一緒に遊んでみましょう。手と指をうまく協調する必要がありますが、少しの労力とたくさんの想像力で、「むくむくと」何かが確実に出来上がっていくのはとても楽しいことです。

モザイク

　ボードにペグを差すような教材・ゲームはすべて、盲児の微細運動能力の発達を促すのに適しています。ペグが床に落ちないように、底の深いトレイを使用してください。

6.3　両手の協応

　物を効率よく操作するためには、両手を協応させて使う力が必要です。時には片手で物を固定して、もう片方の手で操作することもあります。一人で食べたり飲んだり、服を着脱することを学ぶためには、両手を使う必要があるのです。特に点字の学習では、両手を協応させて読むことが必要なので、幼児期から遊びを通して両手の協応を育んでいくことが重要です。

<乳幼児>

　普段の生活の中で子どもがさまざまな物を扱うとき、両手を使う必要があります。持ち手が2つあるカップを持って飲むことを学ぶ場面を想像すれば、そのことを理解できると思います。マジックテープ、スナップロックビーズ、衣服のスナップボタン、デュプロのブロックなどは、どれも両手を使って引き離すのが楽しい活動です。引き離す操作が子どもにとって少し難しいものもあるので、その場合は手伝ってあげましょう。

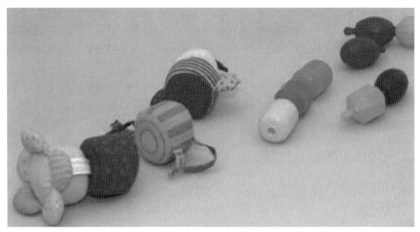

図33　スナップロックビーズとマジックテープのヘビ

　幼児は、ビンのふたをひねる、ビーズを通す、ナットとボルトを組み合わせる、大きなブロックでタワーを建てるといった遊びが好きです。「shape box」（箱に穴が開いており、いろいろな形のものを穴に入れるおもちゃ。以下、シェイプボックス）は両手間の協応を促進します。片方の手は箱の穴の位置を定位するために使用され、もう一方の手は穴の形と同じものを入れるために使用されます。子どもが就寝前に歯を磨くのを手伝うときは、チューブを一緒に絞って歯磨き粉を出しましょう。

ヒント：盲児の場合、最初は歯磨き粉を歯ブラシにつける代わりに、歯磨き粉をほんの少し直接口に入れる方が、はるかに簡単です。

<就学前児および小学生>

ポンポン作り

　トイレットペーパーの芯にひもを巻き付けるなど、簡単なことから始めましょう。片方の手で芯を持ち、もう片方の手でひもを巻くというような、巻きつける動作が身につきます。それができるようになったら、段ボールを丸めたものを芯にして、実際のポンポン作りに挑戦してみましょう。ポンポンの作り方は、ウェブサイトやYoutubeの映像など、参考にできるものがたくさんあります。両手の協応を促す教材については、www.toys42hands.nl にアクセスしてください。

じゃばら折りを作る

　2枚の紙を使ってじゃばら折りを作りましょう。幅の広い紙を使用すると、簡単に折りたたむことができます。2つの異なる種類の紙（例えば、すべすべした紙と千代紙のようなごつごつした紙）を組み合わせると良いでしょう。

図34
じゃばら折り

紙の輪飾り作り

　パーティーやお祝いのために紙で輪飾りを作ることは楽しい活動です。約15〜20cmの紙片を使用してください。紙で輪を作り、端をくっつけて、のりなどで接着します。その輪に、次の紙片を通してまた輪にし、同様に端を接着します。このようにして好きな長さの輪飾りを作ることができます。

織り物

　子ども用の織機を買うこともできますが、頑丈なA4サイズの段ボールを使って自分で作ることもできます。まず、段ボールの上下の端に5cm間隔で切れ込みを入れます。次に、表面全体が覆われるまで、縦糸を伸ばして段ボールをしばっていきます。こうすると、子どもはとがっていない針を使い、横から糸を通して編むことができます。このとき、片手で縦糸を感じ、もう一方の手で針を通して織ることができます。糸の太さを変えたり、布を糸として使ったりすることもできます。
ヒント：糸同士を触って区別するのは難しいかもしれません。2つの異なる種類の糸を使用することをお勧めします。そうすれば、子どもはどちらを上に引くか、どちらを下に押すかが分かりやすくなります。

おやつ作り

　おやつ作りは、両手を使う良い方法であり、かつ美味しいものを食べる経験もできる活動です。クラッカーの上にチーズを塗ったり、パイ生地でソーセージを包んだりするのは、両手を使う料理の代用的な例です。チューブや、デコレーション用の生クリームの袋を絞るのも、指を鍛える良い練習になります。指の力は、点字タイプライターのキーを押すために必要です。

6.4　移動―小さな空間から大きな空間へ―

すべての盲児は、小さな空間から大きな空間までの探索と移動を経験し、それを習得しなければなりません。子どもは寝返りや、ハイハイ、尻つきハイハイなどをしながら移動を始めます。バランス感覚が発達し、立ち上がることができるようになると、歩けるようになります。盲児が空間を探索することを嫌がる場合は、一緒に探索してあげましょう（抱っこ、おんぶ、大人の足の甲の上に子どもの足をのせて立っている状態など）。子どもの世界は、小さな空間から大きな空間へと拡大していきます。

盲児は高さや奥行きといった概念だけでなく、速さ、バランス、強さ、敏捷性なども体感するでしょう。このようにして、手と足、そして身体全体が協応するようになっていきます。子どもの成長とともに、その世界も広がっていくのです。

＜乳児＞

近くに両親がいつもいて安心が保障されており、腕の中や膝の上で抱かれていたり、またはベビーキャリア（抱っこひも）の中で向き合って抱っこされたりしていることが、盲乳児にとっての身近な空間です。ゆりかごやベッドの中でも、盲乳児はその側面や、かわいいおもちゃ、毛布が近くにあることに気付きます。ベビーサークル（5.2 参照）はゆりかごやベッドよりも少し範囲が広くなります。柵は少し離れているので、盲乳児は柵の境界に触れることなく動けるということを経験します。床の上では、空間はまた違ったように感じられます。子どもが動くようになると、椅子の脚や食器棚の側面にも出会います。ソファの上では、足でソファの背もたれやひじかけを押すことによって、ソファの背面や側面を経験します。

＜幼児＞

盲幼児が歩き始めたら、押し車やベビーカーを使うとバランスを保つ手助けとなり、ぶつかりそうになった時の緩衝材にもなってくれます。手をたたいたり、足で床をタップしたり、舌で音を立てるなどの方法で音を出してあげると、盲幼児は反響音を通して、その空間の広さや天井の高さを感じることができます。人の声も、子どもの寝室のような閉じた空間で聞く声に比べると、浴室のような響く空間では全く違って聞こえるはずです。椅子やテーブルの下にもぐって四つ這いするような時は、盲幼児は狭い空間というものを身体で感じています。小さなテントやプレイハウスで遊ぶときも、同じような経験をすることができます。四つ這いで小さな空間を出たり入ったりする遊びは、長い期間、幼児が大好きな遊びです。大きめの段ボール箱は盲児にとって立派なプレイハウスになり、テーブルもその下を一緒に四つ這いすれば素晴らしい遊び場になります。

盲幼児が大きな空間の感覚を得るためには、動き回る必要があります。壁やじゅうたんの縁を四つ這いしたり、歩いたりする経験をさせてみましょう。子どもを抱き上げてドア

の上端や天井を触らせてあげましょう。また、リビングルームのクッションや椅子、カーペットなどを使って障害物コースを作り、一緒にサーキット遊びをすることもおすすめです。

＜就学前児および小学生＞

外遊び

外遊びは、盲児が庭や道路、公園などを探索する機会になります。一緒に走ったり、サイクリングしたり、タンデム（２人乗りの自転車）や「trailer bike」（子どもを牽引して走れる自転車。以下、トレーラーバイク）で一緒に走ったりすることを通して、盲児は路面状況や距離感をさまざまな違った形で体験することができます。たとえば、パン屋さんまで歩く散歩は、走ったり自転車で行ったりするのよりも、はるかに長い時間がかかることがわかります。

キャッチボール

キャッチボールをする時は、柔らかいボールや小さな鈴の入ったボールを使うとよいでしょう。また、ボールをビニール袋に入れて投げると、ガサガサ音がして向かってきます。盲児とキャッチボールをする時は、はじめは近い距離でボールをゆっくり転がし、だんだん離れたり、少し弾ませたりするようにして遊ぶと良いでしょう。「cosmic catch ball（図３５　コスミックキャッチボール）」もおすすめです。それぞれの参加者に自分の色があり、どのプレイヤーにボールを投げればいいのかは、ボールが教えてくれます。

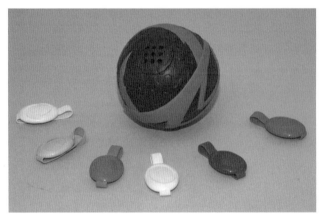

図35
「Cosmic catch ball」
コスミックキャッチ
ボール

たこあげ

盲児とたこあげをしましょう。あなたが糸巻きを握っている間、もう一人の人にたこを持っていてもらいます。盲児に、あなたが持っている糸巻きの位置からたこの位置まで手で線を辿ってくるように教え、糸巻きとたことの間の距離を体感させましょう。

たこをあげる時は、糸巻きを持たせ、凧が上がった時に糸が引っ張られる感覚とたこが風に合わせて動く感覚を経験させましょう。糸に少しアルミホイルを付けると、それは糸を通って下から徐々に上がります。たこが降りてきたら、ホイルがたこの位置まで達したことを子どもに触って確認させましょう。

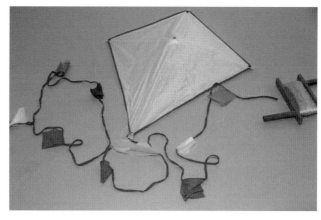

図36　凧

＜公共交通機関での旅行＞

　公共交通機関を利用する移動は、いろいろな発見をするための最適な方法です。バスや電車の乗り降りでは、足や手、白杖などを通して、地面やホームと乗り物の床との高さの違いを体感できます。また、スピード感やカーブの曲がる感覚、ブレーキをかけたり速度が上がったりする感覚を体感することができるでしょう。どの駅のプラットホームにも点字ブロックがあるので辿ることができ、たいていのものは障害物を避けられるように敷設されています。

第 7 章
触察と概念形成

7.1　認識

　探索経験の拡大とともに、盲児は新しいモノ、新しい手ざわりに出会い、それがだんだんと身近なものになっていきます。このようにして、環境が意味を持つようになるのです。盲児が何かを認識できるようになるためには、まず、発見し、探索しなければなりません。この発見の旅ができる限り多様になるように、手助けをしてあげてください。すべての触覚的な情報は記憶に残りますから、既に出会ったことのある物に遭遇した際には、それを認識することができるでしょう。このようにして、触覚的な情報のライブラリあるいは記憶が作られるのです。

　物や人、そして素材を認識できる子どもは、それらの違いや共通点を捉えることができます。また、物を認識できるだけでなく、それが以前に出会ったことのある素材かどうかを思い出すこともできます。

＜乳幼児、就学前児＞

　まずはじめに、子どもは、哺乳瓶やコップ、スプーン、靴や歯ブラシのようなシンプルで日常的な物に出会い、認識していきます。これらの物は、一日に何度も使うものなので、早く覚えます。日常的な物に慣れたら、新しい物や素材を紹介し始めましょう。たとえば、毎日使うスプーンでも、大きさが違うものや、違う素材でできたスプーンもあります。このように、同じ種類の物で、いろいろなバリエーションがあるものに出会うことによって子どもは経験値を上げることができます。日常的な物の探索を促し、触っている時にその形、音、材質について言葉で説明し、物への認識が深まるよう促しましょう。そうやって

子どもは、物の形や出る音、使い方などを覚えていきます。その際、子どもが混乱しないように、いつも同じ用語を用いることを忘れないでください。

　服に対する認識を深めるためには、服を触って子どもが感じていること（うねのある、なめらか、柔らかい）や、服を触って見つけられる特徴的な部分（ボタン、ポケット、ジッパー）について説明するとよいでしょう。

　家の中には、発見することが楽しい物がいろいろあります。
- いい香りのする果物が入ったかご。
- 食器類（鋭利なものは、取り除いてください！）
- キッチンの食器棚にあるプラスチック製のボウルやカップ、ざる、そしてふるい。

　他の物と一緒に同じ物が２つ入っているかごもまた、良い発見の材料です。盲児が探索する時に、例えば２つのコップや２つの靴下、２つのおむつを認識させ、組み合わせるようにしてみましょう。その物の名前を尋ねるのも良いでしょう。

＜小学生＞

　食事の準備のお手伝いをしながら、同じ種類のスプーンやフォーク、コップ、お皿、ランチョンマットなどを揃える経験をさせてみましょう。

図 37
同一のペアを認識する

人を区別する

　人はそれぞれ違って見えます。その違いを発見することは、興味深い体験です。長い髪をしている人や短い髪をしている人、イヤリング・指輪・ネックレスを着けている人や眼鏡をかけている人、男性にはあごひげや口ひげを生やしている人など、さまざまです。盲児は、服装や声からクラスの他の子どもたちを認識しています。あなたの子どもは、クラスメイトや家族が変わった声で話しているときや、帽子をかぶったりメガネをかけたりして見た目を変えたとき、その人を見分けることができるでしょうか。

7.2　物の細部を捉えること

　物の細部の情報は、物や人、そして環境について、盲児にたくさんのことを教えてくれます。たとえば細部を触ると、その物が何なのか、その物を用いて何ができるのかということが分かります。また、盲児が触察を通して発見したいろいろな物の違いは、細部の情報が決定づけます。できるだけ多くの細部の情報を発見することが大切です。

　なかにはとてもよく似ていて、細部を触らないと区別できない物もあります。盲児がみな、物や人の見分けがつくような細部を積極的に触察するわけではありません。もし探索することに消極的な様子があれば、その子が気づいていない細部の箇所を伝え、見つけられるよう励ましましょう。

　ある物や人を、別の物や人から区別することが明確にできるようにしましょう。まずは認識しやすくわかりやすい細部の情報を伝え、だんだんと発見するのが難しい細部の情報を伝えてみましょう。

＜幼児と就学前児＞

　盲児が発見した細部の名称を繰り返し言語化し説明することで、盲児はそれらの存在を認識し、うまくすると、他の物にもあるそうした細部の情報を触察しようと、興味を拡げていくでしょう。コップの持ち手や歯ブラシの毛、櫛の歯、リンゴのヘタ、椅子の脚の溝、そして台所の食器棚の取っ手など、日常的な物の細部から紹介していきましょう。

　おもちゃには、細部がたくさんあります。たとえば、キリンの人形の耳や、人形の目や鼻、スナップロックビーズ（6.3 参照）のとがっている部分とへこんでいる穴など、おもちゃにはさまざまな細部の情報があります。微細運動能力が上がるにつれて、ペットボトルのふたの裏側の溝や、カーディガンの小さなボタンなど、より細かな部分に気づくことができるようになります。

＜小学生＞

コレクション

　できる限りたくさんの異なる種類の鍵を集めて箱に入れましょう。少し遊ばせてから、細部を調べて違いを見つけてもらいます。錠のある鍵があれば、鍵の開閉を練習させることもできます。

図38　鍵のコレクション

車の鍵や自転車の鍵、家の鍵、カードキーの違いを見つけてみるよう、促してみましょう。ボタンを集めるのもおすすめです。形や手ざわり、穴の数や大きさなどの細部の特徴によって、数ある中から特定のボタンを区別することができ、それを発見すると盲児はとても喜ぶでしょう。ビーズや小さな石、松ぼっくり、紅葉、おもちゃの動物、レゴなど、どんなコレクションでも細部を認識させる遊びに活用できます。盲児の点字学習で最初にすることは、点を認識して数えることです。細部を知覚させることは、点字学習への大切なレディネスです。

図39
ボタンのコレクション

7.3　触察による識別

たくさんの物の中から自分のおもちゃを触って探すことは簡単なことではありません。自分のおもちゃが他のおもちゃとどこが違っていて、どこが似ているのかが分からなければ識別できません。乳児の頃は、口を使って識別をしはじめ、次第に口だけでなく手も組み合わせて使うようになり、そして最後にはほとんど手を使うようになります。足からも、重要な触覚的な手がかりを得ることができます。

触察で識別する力は、いろいろな物や材質を探索することによって身に付けることができます。それが何であるか、どのように感じるかを説明し、細部に名前を付けてあげましょう。実際に物を探索し、子どもに自分の感じたことを説明させ、名前を付けるよう促すのも良いでしょう。そうすることで、物の違いと共通点を発見できるようになります。

＜幼児と就学前児＞

食べ物

いろいろな食べ物を手で扱う経験は、それらの質的な違いに気づく良い活動です。例えば、チョコレートスプレーは粒状、カスタードやヨーグルトはなめらか、そしてブレッドスティック（クラッカーのような触感のスティック状の細長いパン）やビスケットはカリカリ、などの違いです。調理済みの食品と未調理の食品の間にも違いがあります。

調理済みのスパゲッティを出す前に、未調理の物を触らせてみましょう。

仲間外れ探し

　仲間外れ探しもおすすめの遊びです。たとえば、スプーンをいくつか置いた中に、レゴブロックを紛れ込ませます。これを見つけて識別させる遊びです。これは、どんな種類の物でも応用できます。だんだんと、ゲームを複雑にしていきましょう。りんごの中からオレンジを見分けるのは、なかなか難しいことです。

裸足で歩く

　裸足で歩くと、砂の上なのかカーペットの上なのかなど、どんな所を歩いているのかが分かるだけでなく、歩いていて床面が変化した時にも気づくことができます。盲児が靴を履いている時にも、歩いている面が変わった時に、そのことに気づいているかを観察してみてください。

ビーズ通し

　ビーズ通しでは、いろいろな形や大きさを識別する練習をすることができます。見本と同じ順にビーズを通す遊びは、スモールステップで複雑なものにしていきましょう。最初は、２つか３つの形の違うビーズからはじめ、だんだんといろいろな形や大きさのものを加えてみてください。遊ぶ際は、ビーズを容器に入れ、縁のあるテーブルやトレイを用いましょう。

ドミノ

　年齢に関わらず触覚を用いて遊べるドミノセットはいくつかあります。自分で作ることもできます。

パズル

　木製のパズルのピースには、コインやボタン、小さな洗濯ばさみ、ぷくぷくしたシールなどのいろいろな触覚素材を貼りつけてみましょう。

図40　自作パズルの例

＜小学生＞

　もう少し大きくなったら、記憶ゲームも触察で識別する力を高めるのに役立ちます。ジャンボ社の「Voel de vorm」を試してください。プラスチック製で正方形の板にさまざまな図版が凹凸で書かれており、触って識別することができます。複数の板を触って、同じパターンや形が書いてあるペアを見つけるゲームです。大勢で遊ぶ時には、正方形を交換しながらペアを作ります。最も正方形のペアを多く見つけられた子どもの勝ちです。

図41　タッチメモリー

7.4　構成と再現

　構成とは、複数の物を組み合わせて、空間に何かを作り上げることです。カップの積み重ねや、ブロック遊び、箱の積み重ねなどは構成の例です。レゴや「K'nex」（以下、ケネックス）を使えば、もっと複雑な構成物を作ることができます。

　構成遊びでは、よく大人や友達が作った見本を真似して再現する遊びがあります。見本を触って再現するために重要なのは、見本をよく触ることです。構成と再現は両方とも、手指の運動技能、両手の協応、左右、前後、上下、まっすぐ、斜めなどのような空間概念の知識を必要とします。なおかつ、たくさんの物を使って構成するためには、記憶力も必要とします。たとえば、たくさんのレゴを使って構成する時には、どことどこがくっついているか、次はどこをくっつければ良いかということを考えて覚えていなければなりません。

　みんながみんな、タワーやお城などの何かの物を作ることだけが好きというわけではありません。盲児の中には、タワーを作るのと同じくらいに、ブロックを隣同士に並べることを楽しむ子もいるので、それぞれの興味に応じた構成遊びをさせましょう。

＜幼児と就学前児＞

　コップ重ねは、素晴らしいおもちゃです。まず、盲児と一緒に積み重ねたり、一方を他方の上に積み上げたりすることができます。取り組みやすくするために、まずは2つか3

つの異なる大きさのカップから始めましょう。これらを積み重ねることは簡単なはずです。それからすべて積み重ねられるようになるまでだんだんとカップを追加し、課題を複雑にしていきましょう。

ペグとペグボード

　丸や四角のペグを用いて、線や図形、そして列や輪郭線のある図を作ることができます。少し大きくなったら、モザイク遊び用のペグを用いることもできます。これらは、いくつかのサイズがあります。

Rubbablox で構成する

　Rubbablox（www.rubbabu.com）（以下、ラバブロックス）は、柔らかい天然ゴムの素材のブロックで、触感が心地よく、とてもおすすめの教材です。ブロックとコネクタ付きの三角形がセットになっています。ブロックが手の届かないところに転がってしまうことがないので、盲児は安心してタワーを建てることができます。

図42　ラバブロックス

　自分が作っているタワーが途中で崩れると、子どもはやる気を失うかもしれません。崩れないようにするための工夫として、レゴや Duplo のブロックでは土台のプレートを、マグネットブロックではマグネット用のボードを用いるとよいでしょう。また、テーブルの上からブロックが落ちてしまうとそれは盲児にとって「消えた」ことと変わりません。少し高いふちがあるテーブルやトレイを使用すると、ふちに当たってブロックなどが床に落ちにくくなります。大人も一緒に構成遊びに参加して、大人が作ったものも触らせてあげると、いろいろな構成の仕方に気づかせることができます。たとえば、ただ縦に積むだけではゆらゆらと倒れそうだった積み木を、レンガの壁の要領で交互に積むと頑丈な壁になるということなどを教えてあげましょう。

＜就学前児および小学生＞

　レゴやケネックスの構成遊びに慣れてきたら、次のステップとして「Meccano」（パーツ同士をネジで接続するおもちゃ。以下、メッカノ）に挑戦してみましょう。メッカノには、金属製のものとプラスチック製のものがあります。メッカノのネジは、手やドライバーでしめることができます。メッカノを使えば、自動車のようなさまざまな種類のものを作ることができます。レゴとケネックスと一緒に、すぐに始めることができるでしょう。二次元的なもの（プレートを使用）、三次元的なもの（自動車や家）の両方を作ることができます。見本を触って同じものを再現する構成遊びの練習として、手本の車を作り、子どもにまねて作らせてみましょう。最初は少ない数の部品から始めて、徐々に増やしていくとよいでしょう。

テントを建てる

　シートや毛布も構成材料として用いることができます。テーブルに大きなテーブルクロスをかければ、テントができあがります。椅子を２脚使って、布を掛けてみてもいいでしょう。

7.5　全体と部分の関係理解

　多くの物は、いくつかの部分が集まって、全体が構成されています。たとえば、１切れの食パンや半分に切られたリンゴは、食パン一斤やリンゴ１個の一部です。ですから、部分だけ触らせているだけでは、盲児は全体をイメージすることができません。盲児が正しいイメージを獲得するためには、全体と部分の関係を教える必要があります。日常生活でこのようなことはよくあるので、経験させる場合にはこの点に留意する必要があります。まずは、リンゴをまるまる１個などの全体像から紹介しましょう。それが何であるかを伝え、それは食べ物なのか、道具なのかなどを説明しましょう。実際に触っている時に命名することで、その物は意味をもつようになります。このプロセスを、概念化といいます。

　いつも子どもに切り分けたリンゴを与えているだけでは、切り分けたりんごが、りんごの一部分であることを学べません。最初のステップとして、事物の全体像を知ることが大切です。子どもが探索を途中で止めたときには、もっと探索するように促しましょう。何が分かったのか、もっと説明が必要なのか、子どもに聞いてみましょう。

　大きさ、手ざわり、形状が全く異なった二つのものが、組み合わさっているものもあります。靴と靴ひも、ビンとビンのふたは、代表的な例です。こうしたものでは、触ってその関係を明確かつ論理的にわかるように工夫して作られた教材が必要です。

　それから、一部分が可動する物もあります。人形の腕や、錠前の鍵などです。それらを動かしてみて、これらも全体の一部であることを学びます。

　「click clack cars」（以下、クリッククラック車）というおもちゃは、子どもが自分でそ

れを分解して組み立てることができ、複数のパーツから全体を作ったりすることができます。

図43
クリッククラック車

＜幼児・就学前児・小学生＞

調理のお手伝い

　　野菜や果物を切るといった調理のお手伝いでは、多くのことが学べます。その際には、切る前の丸の形を最初に確認し、それを切った後に、もう一度、切り口を合わせて丸の形にしてみましょう。そのような全体から部分へ、また全体へ、というプロセスを説明してあげると、全体と部分の関係を理解することができます。切ったものを味見してみたり、香りを嗅いだりすると、さらに知識が深まります。

以下は、全体ー部分の関係を理解するのに役立つ食べ物の例です。
- さまざまな種類の果物（丸ごとのものと切ったもの）
- ブロッコリーやカリフラワーのような野菜（丸ごとのものと切り分けたもの）
- ホールケーキとそれをカットしたケーキ
- ティーバッグとその包み紙
- 紙パックのレモネードとそれに付いているストロー
- 丸ごとのオレンジと剝いたオレンジの皮
- 小さな角切りチーズやスライスチーズと、チーズのブロック

101

図44　ピザのおもちゃ

「壊れた」「なくなった」

　　欠けたところのある物を用いれば、全体ー部分の関係を説明しやすいでしょう。片方の袖が裏返しになっているセーター、ホイールの足りない車、ピースの足りないパズルを使ってみてください。何かを壊してしまったときには、子どもにその破片を見せて何が起こったのか説明してあげましょう。欠けたところがある物を見せるときには、欠けていない物も同時に触らせて、それらを比較できるようにします。こうすることで、何かが「壊れた」または「なくなった」ことの意味を理解させることができます。こうした経験を重ねることで盲児は、自転車の一方の車輪がなくなると自転車に乗ることができないということも、いずれ理解できるようになるでしょう。

7.6　触空間の知覚

　　盲児や重度の弱視児にとって空間という概念は、とても理解が難しい概念です。壁伝いや、仕切りなどの触覚的に境界線となる手がかりがなければ、空間のどこに自分がいるのかを知り、その空間を移動することは困難です。

　　空間に関する経験では、自分が動くたびに周囲から得られる情報も変化します。この点が、空間の理解が難しい理由です。すなわち、子どもが身体の向きを変えると周りの事物の向きも変わります。空間概念を学ぶ際にはまず、子ども自身の体を動かしながら、上方、下方、〜の上、〜の下、前、後ろ、そして隣、といった空間概念について丁寧に教えるようにしましょう。自分の席に座ったり、コートを掛けたり、通学かばんを置いたり、テーブルを並べたりするなどの日常的な動作を獲得するためには、これらの空間的概念を理解し習得する必要があります。空間的な概念は視覚的な概念であり、盲児にとってイメージしにくいものです。したがって、盲児に場所を伝える時には、わかりやすい言葉を使う必要があります。たとえば、「あなたの右足の横にブロックが落ちてるよ」「あなたの後ろに洋服ダンスがあるよ」「ブロックをあなたの手の上に置くよ」などと具体的に言うようにしましょう。

盲児は、直立していた物が逆向きになると、それが同じ物と認識できないことがあります。それを理解するには頭の中で物を回転させる必要がありますが、そもそも、元の向きからどのように逆さまになったのかを視覚的に経験せずに理解するということは、簡単ではありません。盲児が外界を理解していくためには、物が逆さまになったり、あべこべの向きになったりすることを体験する必要があります。

　自分にとっての「左側」が、向い側に座っている人にとっての「右側」であるという知識は、空間概念の発達にとても重要です。そのような空間的洞察力は、点字の読みにも関連します。すなわち、点字を覚えるためには、点の相対的な位置関係を理解できなくてはなりません。

＜幼児と就学前児＞

身体あそび

　空間的な概念の獲得は、子ども自身のボディイメージの獲得から始まります。さまざまな体の部分に触れながら歌を歌って遊ぶことで、どの部分が身体の上の方にあり、どれが下の方にあるかを学ぶことができます。（歌：あたまかたひざぽん　など）

室内空間

　室内の空間を理解するために、テーブル、椅子、食器棚などを基準点として活用しましょう。椅子で列車を作ったり、食卓で誰の隣に誰が座っているかを教えたりして、最初、最後、隣、間、前、後ろなどの空間的概念を説明することができます。トンネルくぐりは、室内で別の場所に移動する際の楽しい活動です。最初は遊びに慣れさせるために、短いトンネルから始めてみましょう。ハイハイで通るトンネルの遊具は www.amazon.com で入手できます。

テントなどの小さなスペース

　大きな箱や洗濯かご、テントの遊具の中に入ることで、盲児は空間の境界を体感できます。こうした経験を通して盲児は、周りの環境と比較した自分の身体の大きさについて学習していきます。

歩数を数える

　たとえば、ソファからドアまでの歩数を数えるなどの活動を通して、距離感をつかむことができます。そうした経験から盲児は、ソファからしばらく歩いて行くとドアに触れることを実感し、大きい歩幅で歩くと小さい歩幅で歩く時よりも、早くゴールに行けることに気づきます。大人の足の上に子どもを立たせて一緒に歩いてみることで、「大股」と「小股」の概念を理解させることができます。階段では、段の高さや曲がり具合が場

所によってさまざまなので、それを感知して足を上げなければなりません。経験と多くの練習を通してしか、それはなかなか身につきません。IKEAで、足触りが面白いステッピングタイルを購入することができます。それらを自然の中の岩のように見立てて遊ぶこともおすすめです。たとえば、岩から落ちると足が濡れてしまう、というような遊び方です。

図45
ステッピングタイル

出し入れ遊び

　物を何かに入れたり取り出したりする遊びが、盲児は大好きです。子どもは成長するにつれて、物を入れることよりも、取り出すことを好むようになるでしょう。コップ重ねやふた付きのシェイプボックス（6.3参照）は、空間的な洞察力の発達のためのよい遊びです。

お片付け

　遊具などのお片付けや食料品をしまったりすることは、空間認知能力を育むゲームになります。たとえば、「隣の棚には何があるかな？隣同士に並んでいる物はどれかな？縦に並んでいるのはどれかな？」といった具合に空間を触って確認しながら片付けをしてみましょう。特に盲児は、いつも自分が食べている物が皿の上に乗せられる前に、どこにしまってあったのかを教えると喜ぶでしょう。

＜小学生＞

　自分の部屋や他の部屋を一緒に探索することで、盲児は部屋の大きさや置いてある物の知識を得ていきます。高学年になると、レーズライターで自分の部屋や教室の間取りを書くことができるようになります。こうした経験は、空間理解のための良い活動です。

配膳

　配膳をするためにはは、空間的な洞察力が必要です。本物かおもちゃのお皿と食具を用意して、盲児にこう質問しましょう。「お皿はどこに置くの？お皿のどちら側にナイ

フとフォークを置くのかな？どこにコップを置いたらいいかな？」

　ナプキンも忘れないようにしましょう。ナプキンをさまざまな形に折りたたんでみて、見本を真似て同じようにたたませてみてもいいでしょう。

おもちゃのキッチン

　「Playmobil」（以下、プレイモービル）のキッチンセットや人形の家を用いて、いろいろな物の配置の仕方を、盲児に真似させてみましょう。

図46
プレイモービルの
キッチンセット

将棋とオセロ

　将棋やオセロは、空間的なゲームです。将棋であればその子が分かる手段（駒に彫ってある文字を触らせる、点字を貼るなど）で駒を区別させます。盤も、升目を区切る罫線が凹凸になっている物を購入するか、自分で触素材を貼って工夫しましょう。オセロであれば、白と黒の駒の触感が違うものを用いましょう。盲児用のオセロが市販されていますし、自分で触素材を貼り付けることもできます。そして、駒とボードを一緒に確認してみましょう。

　チェスでは、駒の異なる動きを一つずつ説明します。駒を所定の位置に置き、配置を真似させることもできます（同じ向きから始めて、次は鏡像にします）。ルールを説明したら遊んでみましょう。www.rnib.co.uk と www.aph.org には点字のチェスコード（イギリスとアメリカ）があり、www.yankodesign.com には素敵な触覚用のチェスが用意されています。

7.7　図ー地の知覚

ほとんどの事物は、面の上や何かの中などに置かれています。しかし触覚だけでは、事物と接地面とを区別することが難しいことがしばしばあります。私たちは、これを触知覚における「図と地の混同」とよんでいます。混同せずに図ー地を捉える触察力を育むために、物の形と地の知覚が難しいような特定の素材の中から事物を識別して見つける活動が

有用です。例えば、タオルの山の中から体操服を探すことや、Duplo Blocks（レゴブロック）の中から Duplo Figures（レゴブロックの人形）を探すこと、羊毛のカーペットに置いてあるお金を探すことなどです。

　高学年になったら、理科と社会の授業で二次元の線やグラフ、起伏のある地図を触察して読み取れるようになるでしょう。触覚の感度が鈍い、あるいは触覚過敏の盲児では、図と地の知覚はとても難しいので、個別の配慮が重要です。

＜乳児＞

　盲乳児のお気に入りのおもちゃを、面白い触感の素材の上に置いてみましょう。たとえば、さまざまな布地や羊毛のカーペット、芝生の素材のマットなどに興味を示す盲乳児もいます。もし、盲乳児がおもちゃを見つけることが難しいときにはおもちゃで音を出して、面白い触感の素材がある場所へ導いてあげましょう。

＜幼児と就学前児＞

砂場に隠れている物を見つける遊び

　砂場は隠したものを子どもに見つけさせるのに最適な場所です。最初に、砂場の表面を探索させましょう。次に、砂の上に身近なものを1つ置きます。スコップを使いたいと言い出したら、いろいろな道具の中からスコップを見つけ出させましょう。探しているうちに他の道具に気が変わることもあるでしょう。

　隠れている物を見つける遊びは、他にもいろいろなパターンがあります。
- お米やマカロニがたくさん入った容器に、スプーンや大きなビーズ、プレイモビールのフィギュアなどを隠す。
- 紙くずや包装紙の入っている容器に何か物を隠す。
- 円錐状や筒状のショートパスタが入った容器に、硬い葉っぱや松ぼっくりを隠す。
- ビーズを詰めた箱の中に、ビンのふたを隠す。
- プレゼントが入った福袋（パーティーなどで袋・容器にプレゼントを入れてつかみ取りさせるゲームがある）。
- とても難しいですが、間違いなく楽しく美味しい経験ができるのは、チョコレートスプレーの中からチョコレートでできたものを見つけることです。
- 布の袋の中に日常生活でよく使う身近なものを入れて、何が入っているかを当てる遊びもおすすめです。
- 砂浜では、砂の中に貝殻や石を隠したり、貝殻を集めてその中に石を隠してもよいでしょう。

マカロニの入った容器に物を隠すと、子どもはその違いを感じることができるでしょう。何を求められているのか、その遊び方を理解できるように、一緒にゲームしてみましょう。まずは、小さなボールや図形をマカロニに全部隠さずに少し出して、見つけやすくしましょう。最初に上手くできると、子どもは繰り返しやってみようという気持ちになります。例えば、リブ編みのコースターをリブ編みのマットの上に置くなど、物とそれを置く面を似た素材にすると、より難しいゲームにすることができます。

図47　パスタの中のおもちゃ

＜小学生＞

手芸と描画

　手芸活動のほとんどは、表現したいものと背景（図と地）を区別する練習になります。たとえば、波打ったボール紙に厚紙を糊づけするような活動です。布やマカロニ、アイスの棒、砂や貝殻などの触覚材料を使ってビーチを作るのもいいでしょう。また、発泡スチロールのものを貼り付けることもおすすめです。

　盲児に作図を教える時には、レーズライターを用います。ゴムシートの上に、特殊な紙を敷き、その上からボールペンで書くと、紙の上に線が浮き上がります。（www.aph.org、www.tactileview.com と www.worldwidevision.nl を見てください）。線や幾何学図形を描き、自分で描いた結果を触る経験を通して、少しずつ凸線画を認識できるようになっていきます。

　幾何学図形を並べて描くことは難しいですが、図形を重ねて描くのはさらに難しいことです。重なり合った図形の中から、個々の図形を触って識別する必要があるからです。レーズライターで渦巻き模様を描いて宝の地図を作り、「×マークのところまで辿ろう」と声をかけてみましょう。もちろん、盲児の気に入るものは何でも描かせると良いでしょう。

図48　レーズライター

7.8　三次元と二次元

　私たちの身の回りにあるモノは、三次元（立体）、具体物、実物などと呼ばれます。それに対して、平面上に描かれた絵や触覚的なイメージは、二次元です。教科学習では、例えば立体コピー等のワークシート、触る地球儀、触地図など、二次元の触覚教材が用いられます。しかし、二次元の触図を理解するためにはまず、立体物・実物を体験・理解した上で、それらが平面にどのように投影・転写されるかを学ばなくてはなりません。幼少期からこうしたスキルを練習することがとても大切です。

押し型遊びをする

　森や旅行に出かけた時には、松ぼっくりや貝殻のようなものを収集してきましょう。それらを、砂や粘土、石膏に押し当てると、形がそのまま型になって残ります。くしやボール、靴の底などを使うのも面白いでしょう。砂型（砂場や砂浜で使う玩具。型に砂を入れて固め、砂の上などに出すと型の形が出てくるもの）を使っていろいろな形を作り、どの型でどの形を作ったか、クイズを出すのも良いでしょう。

輪郭を認識する

　ペグパズル（日本では型はめや、はめこみパズルとも呼ばれる。形が異なるそれぞれのピースにはつまみがついており、土台の穴の形に合わせて、ピースをはめる玩具である）には、果物の形や動物の形のピースのように、1つのピースが1つの物の輪郭を表しているものがあります。もし手元に本物があったら（果物、動物や車の模型など）、それを子どもに見せてください。ピースの輪郭が本物の輪郭とそっくりであることを確認させましょう。

二次元・三次元構造の構成遊び

　磁石入りのおもちゃを用いて構成することはとても楽しい遊びです。二次元の物だけでなく、三次元の物などで、果物が分割されて磁石でくっつくようになっている玩具もあり、本物の形に近い果物を作ることができます。Smart Magnetics などの磁石入りのおもちゃは、入手しやすいのでおすすめです。

図 49　果物のパズルのピースと本物の果物

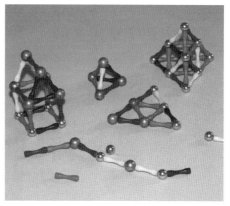

図 50　マグネティクス

輪郭線を描く

　レーズライターを使って、いろいろな物の輪郭を描いてみましょう。ペットボトル、ナイフやフォークなどの食具、葉っぱのついた木の枝、りんご、鉛筆などがおすすめです。手や足など、体の一部も、ぜひやってみましょう。幾何学図形を描く時には、正方形はプラスチック製のタッパーなど、円形は逆さにしたカップなどが活用できます。台所を探せば、幾何学図形の輪郭をもつ物がたくさんあります。

7.9　触覚に関する語彙の習得

　盲児にとって、外界を探索した時に体験したことを表現できる語彙をもつことが重要です。そのためには、さまざまな体験に基づく広範囲の「触覚的な辞書」を創る必要があります。

　硬い、柔らかい、ざらざら、なめらか、角ばった、へこんだ、波打っている、湿った、乾いた、暖かい、冷たい、チクチクする、毛深い、ダボダボの、ボロボロとした、などの言葉で子どもが触っている素材の性質を表現してあげましょう。子どもが体験していることを言葉で説明してあげると、その物の認識と語彙が拡がります。そして、子どもが自らその言葉を使い始めると、さらに理解が促進されるでしょう。

＜乳幼児＞

　触覚に関する語彙の獲得を促すために、家庭内のあらゆる物の特性を説明してあげま

しょう。たとえば、「柔らかいボールを持ってきて」「濡れたぞうきんをください」「へこみがある車はどれかな」「その茂みはトゲがあるから気をつけて」というように、触覚的な情報を言葉で意図的に表現しましょう。

　市販品でも手作りでもいいので、さまざまな質感のお遊び用のマットを準備しましょう。ブラシ、スポンジ、コースター、ざるなどの日用品も、いろいろな素材で作られているので、よい遊び道具になります。子どもが触れている素材や感触に言葉を添え、説明してあげることを忘れないでください。

図51　ブラシとトゲのあるおもちゃ

　おもちゃ屋さんの中には、ラメーズ社（www.lamazetoys.co.uk）のさまざまな手ざわりの布のおもちゃを扱っているところがあります。硬いボール、柔らかいボール、デコボコのボールなど、いろいろあるので、探してみましょう。こうしたおもちゃは、さまざまな言葉や概念を学ぶ機会をたくさん与えてくれます。

図52　異なる質感のボール

＜就学前児および小学生＞

　子どもたちは、素材や物、液体などに、自分が体験していることを表す名前（濡れている、冷たい、温かい）が付いていると、とても喜びます。それぞれ感覚的な状態を表す言葉を教えましょう。それから、「しめっぽい」や「ぬるぬるしている」のような、より微妙な修飾語を教えると良いでしょう。

　お気に入りのぬいぐるみやペットの感触、砂の感触（ざらざら）、食べ物の感触（ケーキやパン）などを子どもに表現させてみて、触覚に関する語彙を意識させるようにします。また、何の素材で作られているかを説明することも大切です。たとえば、ガラスやプラスチックのコップ、金属で作られた鍵など、触ると冷たく感じるものが、どんな素材なのかを説明しましょう。

　たとえば、「あなたの靴は革製ね。私のお財布と同じだわ。」といったように、いろいろな物を比べてみましょう。触る絵本はこうした遊びに、どの年齢でも活用できます。触図も、触覚に関する語彙の発達を促します。オランダの出版社 Lemniscaat は、Royal Dutch Visio と共同して、目の見えない子どもたちの触覚経験を基にした、触覚的なイラストを含む子ども向けの本を開発しています（www.visio.org/tastboek）。この本は視覚的にも魅力的なので、視覚に障害のない兄弟や弱視の子どもたちでも楽しむことができます。

　触覚の本は、RNIB（www.rnib.co.uk）、アメリカの視覚障害者用印刷所（www.aph.com）、Les Doigts Qui Rêvent（www.ldqr.org）、Libri Tattili Pro Ciechi（www.libritattili.prociechi.it）からも入手できます。

第 8 章

日常生活への応用のスキル

8.1　触察方略

　触察方略とは、どのような手順・方法で触るかを意味します。効果的な方略を身につけることによって、子どもは自分の環境について多くの貴重な情報を得ることができます。触覚活用の方略を上手に身につけるには、子どもはさまざまな事物や素材、形、構造を探索する経験が必要です。そのため、家庭の中に盲児にとって魅力的なものを用意し、さまざまなものに触れる機会を幼児期から意図的に設けることが大切です。子どもは探索するときに、指先と爪、親指と他の四指、手全体、そして両手を使います。乳幼児は口や足も使って探索し、ときにはそれが就学前まで続くこともあります。

触覚は物の裏側や表側、ときには内側を捉えることができます。子どもが物の一部分しか探索しない、あるいは非常に表面的な探索をする傾向がある場合は、物全体を探索するように働きかけましょう（例えば、椅子の正面だけでなく背面も触るように促す）。一度、物の表面や形、空間的な配置を系統的に探索することを学べば、子どもの触覚活用の方略はより効率的になり、課題をより素早く行い、物を見逃すこともすでに探索した物を無駄に探索することもなくなります。そうすることで、空間のどこに何があるのかも、よりよく把握できるようになります。

＜乳児と幼児＞

探索的な触覚活用

　　盲児は、マットの上に横になっても、身体で把握できる物理的な境界がないと、安心

感を得られないことがあります。マットの周りに枕を置いたりタオルを巻いたりすることで、「広い空間に置き去りにされた感」が軽減されます。感触の異なる素材のマットを組み合わせたり、小さなおもちゃが付いているマットなども活用できます。そうすることで、盲乳児は主体的に物に触れ、探索することを学ぶでしょう。ウサギのぬいぐるみやビーズの紐のような細長い部分があるおもちゃは、一方の端からもう一方の端までを探索するよう子どもをいざないます。ビードメイズ（球などを動かして遊ぶおもちゃ、日本ではルーピング・ビーズ迷路・ビーズコースターなどと呼ばれる）の上でビーズを動かすことも、探索を促すための良い遊びです。

タッチマット

オランダの視覚障害支援施設の Bartiméus は、盲幼児の触探索を促すための「タッチマット」を開発しています。円や十字のような、異なる手触りの模様が施された、30×30ｃｍのシリコン製のマットです。椅子に座らせたまま、あるいは膝の上に乗せたままでもマットに触ることができるのが、良いところです。このマットを用いると、盲児は模様を指の腹でこすったり、指先や爪でひっかいたり、手全体を動かすなど、さまざまな方法で探索をすることが研究から明らかになっています。このような手指の使い方は、盲児が情報を得るために非常に重要です。

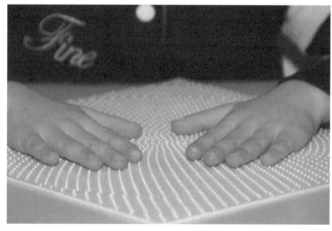

図53　タッチマット

＜就学前児および小学生＞

「ペグ・モザイク」（穴がたくさん開いたボードにさまざまな色や大きさのペグをさし、模様を作るおもちゃ）で模様や図形を作るためにも、触覚活用の方略が必要です。子どもが能動的にペグを見つけられるように、ペグはボードの端か真ん中に置いて、自分で探せるようにします。また、触る本の線や模様、形をなぞるように促しましょう。木製のレールと電車のおもちゃがあれば、カーブや橋、トンネルのある鉄道線路を一緒に作り、電車を押して走らせることができます。また、レールの凸のジョイントがもう一つのレールの凹のジョイントにはまることを説明し、二つの部品を連結させる動作を体験させましょう。

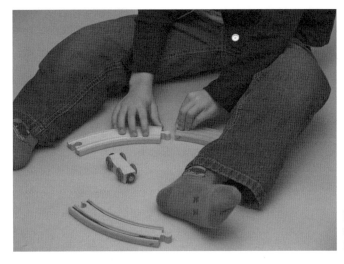

図54
鉄道レール部品の
取り付け

片付けと捜し物

　食器棚や戸棚からおもちゃを探させることで、触察の方略が身についていきます。「どこまで探したかな？どの棚を探索したかな？」と、一緒に片付けをすれば、次にどこを探せばいいのかがわかります。

引き出しの中や食器棚の探索

　食器棚の中の物を探すのに最適な方略は、左から右へ順序よく探ることです。そうすることで、もらすことなく物を探すことができます。そして、物をどこに置くのがよいか、もっと使いやすい便利な方法はないか、子どもと話して決めるようにしましょう。こうすることで、大人にとっても子どもにとってもより使いやすい便利な方法で配置することができます。

食洗機

　食洗機に食器を入れるのを、子どもに手伝ってもらいましょう。入れるときには、まずコップから、次に皿を、そしてお箸やスプーン、というように食洗機の全体像を面で把握しながら順番に左から右へと触って確認していくように促します。このような経験を重ねると、一人で食洗機に入れることができるようになるでしょう。

注意：ナイフやフォークは、尖った方を下向きにして小物入れのかごに入れるように指
　　　導します。

なじみのないの環境の探索

　なじみのない環境ではまず、子どもに空間の壁を辿らせて、その途中にあるいろいろなものを見つけて触ってみるように促すことから始めます。そうした経験を重ねると子どもは、空間を横断して真ん中に何があるのかを発見することができるようになります。

また、独歩ができるようになるとほどなく、両手を使って探索するようになります。尖ったものや熱いもの、壊れやすいもの、段差などに近づきすぎたときには注意を促し、必要であればいつでも安全のために手を差し出せるように準備をします。

　フローリングとやカーペットなどの床面の違いや段差は、足の裏で感じることができます。また、踏み台や脚立にのぼって普段は手の届かないところにあるものを探索させてみましょう。天井や木の高さを身をもって実感することができます。そして、（あなたに）勇気があれば、一緒に木に登ってみるのもいいかもしれません。

洗車の経験

　洗車の経験もまた、子どもと一緒に楽しみながら触覚活用の方略の発達を促すことのできる活動です。洗車するときはスポンジを後ろから前、そして上から下方向へと順に動かすようにします。この活動から子どもは、車の長さや高さ、車を構成する部品について体験的に知ることができます。また、ホースを使用して車を洗う経験もさせてみましょう。その場合、ホースの水を通行人でなく車に当てるように練習させましょう。そして、子どもに車の表面を触らせ、ほこりの多い汚れた車と、なめらかできれいな車の違いを感じさせてください。

図55　洗車：テールランプを洗っていますか？

8.2　日常生活動作

　食事動作や衣服の着脱でも、触覚活用の方略は必要です。幼児期の早い段階からこれらの活動に関わらせていきましょう。大きくなるにつれて、徐々に自分でできることが増えていきます。多くの援助が必要な段階から少しずつ手助けの必要がなくなり、言葉かけのみでできるようになり、最後には指示がなくともできる、というプロセスを踏んで動作を習得していきます。日常生活動作の指導では、「習うより慣れよ」を心に留めておくことが大切です。

＜乳幼児・就学前児＞

食事動作

　食事の際は、盲乳児の手の近くに哺乳瓶を置いて触らせ、哺乳瓶と飲む行動を結びつ

くようにします。他にも、パンの耳やスティックパン、ビスケットなど、手に持ちやすい食べものを渡して、自分で食べることを教えていきましょう。自分の手を使って食べることを通して食べ物の形や触感など、多くのことを学びます。手づかみ食べが十分に定着したら、スプーンやフォークなどの練習に入りましょう。

　スプーンやフォークの使い方は、口に運ぶ動作を一緒に手をとって練習することで身につきます。フォークで食べ物をさしたり、お皿の上に食べ物をのせたりすることも、同じ方法で練習します。その時、子どもの後ろに座ると、子どもに動作を上手く教えることができます。食べ物はあちこちに散らかってしまいますが、大きなよだれ掛けと床にビニールシートを敷くことで解決できます。このような経験を重ねることで、いずれきちんと食べることができるようになるでしょう。

衣服の着脱

　子どもが服を脱ぎ着するたびに身体部位や動作に名前をつけてあげると、「ジャンパーを頭からかぶるんだ」「靴下を足に履くんだ」ということを理解するようになります。すべての手順を行う間、説明を続けてください。例えば、「さあ腕を上げて」、「お母さんの方に手を差し出して」、「この足を上げて」、「次はもう片方の足を持ち上げて」、「うつぶせに寝て」といった言葉かけです。そうした説明がないと、盲児にとってはまるで何もないところから服が現れ、気づいたら服を着ていたように思えます。

図56　セーターよりもダウンベストの方が扱いやすい

　服を着る時にはまず、たんすやハンガーから一緒に服を取って、服がどこにしまってあるのかを教えましょう。その際、他にもどんな種類の服があるのか、説明してあげましょう。たとえば、「1段目には、柔らかいセーター、ジーンズ、大きなポケットのある半ズボンが入っているよ」などの情報です。また、小さい頃から、子どもが自分で服を着ることを手伝ったり、励ましたりしましょう。たとえば、ズボンをはくときにおしりを上げたり、靴下をつま先から引っ張って脱いだり、頭の上からジャンパーをかぶったりするといった動作を、ひとつひとつ手をとって一緒にすることが大切です。着替える際には、ベッドの上に座るか、ベッドの前に小さな椅子を置いて座ると、着脱が楽にできます。盲児がすぐに着られるように、あらかじめ服はベッドの上に方向がわかりやすいように置いておきます。

手洗いの習慣

　幼児期から毎日、一緒に手を洗ったり拭いたりすることで、手洗いの習慣が身についていきます。その際、これから何をするのかを常に子どもに伝えてください。例えば、「今からあなたの手を洗います。その石鹸はいい匂いがしませんか？　タオルで顔を洗えるかな？」といった言葉かけをします。動作を教えるときには、大人の手の上に盲児の手を置く、あるいは大人の手で盲児の手を覆うようして、上手に手の動きを導くようにしましょう。石鹸などのいつも使うものは、子どもが自分で見つけることができるように、必ず決まった場所においてください。トイレの水を流したり蛇口の開け閉めをしたりすることは、盲児がひとりでできる活動のひとつです。ただし、すべての蛇口やトイレを同じように使用できるわけではないことに留意しましょう。たとえば、レストランや友人の家ではうまく使えない場合があります。

＜小学生＞

食事動作の習得

　晴眼児は幼児期におおよその食事動作を習得しますが、盲児が自立して一人で食べることができるようになるにはかなりの長い期間を要します。小学校段階の盲児は、学習や生活面などさまざまな新しいことに適応するために、すでに多くのプレッシャーを抱えて過ごしており、適切な食事動作の習得が常に優先すべき指導内容に位置づけられるわけではありません。本書の「乳児、幼児、就学前児」の項目で、それぞれの段階における盲児の食具の使い方を教える方法について情報を載せています。

着衣と脱衣

　自分の服がどこにしまってあるかが分かれば、自分で着たい服を選ぶことができます。お気に入りの服に特別なボタンをつけてあげれば、他の服と区別することもできます。盲児がボタンやワンピースなどのホックの操作を一人でできるようになるには、かなり時間がかかります。ファスナーを引いて開けることは簡単ですが、ファスナーを合わせて一人で閉められるようになるのは、だいたい小学生ぐらいの年齢です。はじめは、ファスナーの持ち手にひもやビーズをつけると簡単に閉めることができます。靴ひも結びを練習する時には、触感の違う2本の靴ひもを使用することがおすすめです。もちろん、同じ靴に違う2本の靴ひもを使うことは実際にはありませんが、練習の時には有効です。

パッケージの開封

　商品のパッケージには、さまざまな形や大きさのものが使用されています。子どもを店に連れて行き、いろいろな種類の瓶、缶、パック、ねじ蓋つき容器、コルク、キャップ、プルタブに触れさせ、さまざまなパッケージを体験し知る機会を設けることが大切

です。家庭では、パックやびんを開ける練習を一緒にしましょう。そうした体験を通して、子どもはさまざまな種類のパッケージを開けたり保管したりする方法や、すでに開いているときと未開封のときのパッケージの違いを学ぶことができます。例えば、新しいパックを開けるにはより力が必要なことや、紙パックなど栓を開けたあとにさらに小さなアルミホイルや中栓があることなど、ひとつひとつの体験が大切な学びとなります。

注ぐ

　注ぐ方法を学ぶときは、台所のシンクや洗面台、あるいは深めのお皿を使うとよいでしょう。注ぐときに手が濡れたりこぼしたりしても安心です。まずは、半分の量のパックから始めましょう。満たんのパックよりも軽く、子どもが扱いやすいからです。子どもにグラスやマグカップ、水差しに水をいっぱいに注ぐ練習をさせましょう。ティーポットや大きな電気ポットの注ぎ方も体験させましょう。

　注ぐ時には、決められた一連の動作の順番を守って練習させましょう。はじめに注ぎ口がマグカップなどの縁に正しく当てられているかどうかを確認します。それからマグカップのふち（内側）に人差し指を置き、水が指先に達するまで、もう一方の手でゆっくりと注ぎます。

図57　ミルクを指で感じられるまで注ぐ

図58　液面計

　カップに液体が一杯になると音の鳴る「液面計」（液面レベルインジケーター）は、熱い液体を注ぐときに特に便利です（www.amazon.com から入手可能）。こうした経験を基礎に、いずれ注ぐ音、カップの温度、重さから注ぐ量を判断できるようにしていきます。

＜思春期＞

思春期特有の身だしなみ

　思春期になると、乾燥肌や脂性肌、にきびなど、この年代特有の悩みを持つことがあります。ひげが生え始めたり、唇が荒れていたりすることに悩んでいるかもしれません。爪が長いことあるいは短いこと、汗かきであることを気にしているかもしれません。友達や身近な人からどのように見えているか意見を聞き、自分自身の見た目がどうなっているのかを知ることができれば、それは素晴らしいことです。

　一緒に薬局に行き、スキンケア製品について調べましょう。いろいろな種類のデオドラント製品があり、価格も異なります。どれが子どもの肌に合っていて、何を使いたいか、一緒に考えましょう。2つの異なる製品を買う時に、似たようなパッケージのものを買ってしまうと使用する時に混乱してしまうため、似たようなパッケージは避けた方が良いでしょう。そして、製品の使用方法を説明しましょう。例えば、最初に洗顔をしてからこのクリームを塗る、などです。

図59　コットンでの洗顔

　足や脇の下の毛を処理しようとする女子や、ひげを剃ろうとする男子には、いくつかの処理の方法を教えましょう。刃物で剃るのは少し怖いと感じるかもしれないので、電気シェーバーを使用したり、女子の場合は脱毛クリームを使ったりすると安全です。ひげや毛が再び伸びてくると、そろそろ処理をする頃だと感じることができます。爪切りやつめやすりも自分で使えるように練習させましょう。

8.3　遊び活動

　遊びは、好奇心を刺激する楽しい活動です。また、遊びを通して触覚で探したり確かめ

たり、記憶したりする力が育まれていきます。盲幼児は音が出るおもちゃがとても好きです。音は盲児にとって、自分の働きかけに対する最も明確な応答だからです。

　ボードゲームは、ルールや勝ち負けがあることを子どもに教えるのに役立ちます。触覚でわかるゲームや、立体的な模様や点字を加えるなどして触覚でも楽しめるゲームがあります。下の写真の中の自作ゲームは本の最後の付録に記載されています。

図60　農場ゲーム　　　　　　　　　　　　　　図61　スマーフゲーム

＜乳幼児＞

　盲乳児のベビーベッドに、いくつかおもちゃを置いてあげましょう。偶然、盲乳児におもちゃが触れると、自分からおもちゃを触ったりつかもうとしたりするようになります。また、ベビーサークルの柵におもちゃを吊るしておくのもよいでしょう。盲乳児は、おもちゃを叩いてもそれが消失せず、必ず振り戻ってくることにすぐに気づくでしょう。また、身の回りのいろいろなものも、楽しい遊びの道具になります。たとえば、スプーンや、空のシャンプーボトル、ふた付きの箱、バケツ、破れた紙、しわくちゃのアルミホイルの束、貝殻、松ぼっくり、落ち葉などです。物を箱に入れてはまた取り出すことも大好きで、これを繰り返し、際限なく行う子どももいます。また、マットや床の上を自由に動いたり、ハイハイしたり、立ったり座ったりすることそのものも、楽しい遊びの一つです。

＜就学前児・小学生＞

　粘土や砂、シェービングクリームなどで遊ぶのが好きな盲児もいますが、すべての子どもがこのような素材を触ることを好むというわけではありません。紙きれがたくさん入った袋や、お米や小さなプラスチックのスプーンでいっぱいの容器をひっかきまわすことが好きな子どももいるでしょう。特定の好きな素材があるのか、あるいは特定の素材や音を嫌うかを観察してみてください。一緒に遊びながら、同じ素材でもいろいろな遊び方ができることを子どもが発見できるように促しましょう。

ごっこ遊び

　ままごとセットやプラレールなどは、ごっこ遊びを促します。金属製のフライパンや

食具など、触感が本物とよく似ていると、さらに遊びへの興味が深まります。

遊ぶ場所

　おもちゃをかごや箱などの容器に収めることで、子ども自身でおもちゃを見つけやすくすることができます。すべてのおもちゃを手の届くところに置き、子どもが邪魔をされずに遊べるように、遊ぶ場所をきちんと決めておくとよいでしょう。少し大きくなったら、専用の椅子と縁のあるテーブルを準備しましょう。子どもが自分ですぐに見つけられるように、おもちゃは決まった場所に置くようにしてください。

ボードゲーム

　ここでは、盲児と一緒に遊ぶことができるボードゲームをいくつか紹介します。格子状の枠のあるボードに木のマルとバツを使って遊ぶ三目並べは購入することもできますが、簡単に自分で作ることもできます。「Tictac Boom」は、五十音が書かれたカードを渡され、参加者がそれを使って単語を作るゲームです。その間、「時限爆弾」が人から人へ手渡されます。爆弾が爆発したとき、爆弾を持っていた人がそのカードを保持します。最後に持っているカードの枚数が最も少ない人がゲームに勝ちます。透明な点字シールでカードにマークをつけることで、盲児も一緒に遊ぶことができます。

- 数独（ナンプレ）を視覚障害者用が遊べるように改良した「Sudoku Touch」は、次のウェブサイトから入手できます。

　アメリカ盲人協会　www.acb.org/content/ad-pages

- 「Sudoku」（弱視児用）と「Symboku」（盲児用）の両方の適応版については、オランダのウェブサイト www.bab-sp.nl を参照してください。どちらのゲームも触ってわかる形を使用しています。数字または記号は、すべての行と列に一度だけ出すことができます。1行から始めて、次は2行目に記入することで、親は徐々にゲームを難しくすることができます。　このゲームに勝ち負けはなく、ゲームをうまく終了させることが目的です。

図62 「Symboku」

• モノポリー（アメリカ発のボードゲーム）

　モノポリーを始める前に、ゲームで使うボードと、たくさんのカードや紙幣、家を十分に触らせます。それぞれが何のためにあり、どこに置いたり渡したりするのかを説明しましょう。ゲームの進行状況を把握できるように説明をしてくれる友人と一緒に遊ぶこともよいでしょう。点字モノポリーの英語版は、多くのオンラインショップから入手できます。

8.4　事物とその機能の関連づけ・理解

　毎日の生活の中で、子どもはお皿や食具、蛇口、石鹸、歯ブラシなどたくさんの日用品に出会います。子どもができる限り自立して身の回りのことをできるようになるために、これらの物が何のためにあるか、どのように使うかを学ぶ必要があります。日々の練習の積み重ねは重要であり、使う経験をすればするほどその機能をより深く理解することができます。物と物との相違点と類似点を発見することは、何のためのものであるかを知るための良い方法です。例えば、ブラシと一口に言っても、歯ブラシと洗濯用ブラシは同じ感触ではありませんし、ヘアブラシも感触が違います。こうした違いがあっても共通する機能をもつ物であることを理解するために、物を十分に探索する機会を与えることが重要です。その際、事物のそれぞれの部分が何のためにあるのか、そしてその部分が全体のどこにあたるのかを、子どもの年齢に応じて説明してあげましょう。なぜその必要があるかというと、見えている人は掃除機を一目見て全体を把握することができますが、盲児にとっては触った部分しか情報が入ってこないため、全体を触ったり全体像の説明を聞いたりしたことが無ければ、オンとオフのボタンと金属製の管しか感じられないかもしれないからです。

＜幼児・就学前児＞

日々の生活から学べること

　洗濯物を洗濯かごに入れ、その後洗濯機に入れたり、花瓶に花をさしたり、パン箱からパンを取り出したり、掃除機をかけたりするなど、毎日の仕事を子どもに手伝ってもらいましょう。そうすることで、子どもは自分の身の回りの物を発見し、それがどのように使われているかを学ぶことができるでしょう。

＜就学前児・小学生＞

風船を膨らませる

　まず子どもにエアーポンプをよく触らせてから、風船なしでポンプを動かしてみま

しょう。そのあと、風船をポンプに付けて空気が入るにつれて風船がどのようにふくらむかを感じさせます。そして、子どもが風船を膨らませたりノズルから取り外したり、結び目を作ったりする手助けをします。結び目を作らないとどうなるか、空気が抜けていく様子を見せるのも楽しいでしょう。このとき、空気が抜ける大きい音がすることをあらかじめ伝えて、子どもに心の準備をさせます。もちろん、自分で風船を破裂させることもできます。自転車のタイヤに空気入れを使って空気を入れることは、風船を膨らませるより少し難しいでしょう。

図63　自転車の空気入れ

キッチン家電を使う

　キッチンでケーキを焼いたり何かを作ったりする時には、使っている電化製品を子どもに紹介しましょう。ハンドミキサーは、ホイップクリームを作る時には泡立て用のアタッチメントをつけますが、ピザ生地を作る時にはピザ作り用のアタッチメントをつけます。そのような違いを知ることは、子どもにとって新鮮に感じられるでしょう。そして、泡だて用とピザ作り用のアタッチメントの違いを調べたり、混ぜられた生地の違いを触らせてみたりしましょう。

　缶切りの仕組みを説明するために未開封の缶詰を用意し、缶のふちにひっかけ、てこの原理を利用して上手く力をこめることを教えましょう。缶を開けた後は、開いた缶のふちが鋭くなっていることを、十分に注意をしながら経験させてください。

　掃除機にはいろいろな種類のボタン、長いじゃばらのホースとコードがあります。大きな音も出ます。ホースの先に手のひらをあてて吸い付くのを感じたり、チョコレートのかけらやパンくずを吸い取る音を聞いたりすると楽しいでしょう。小石を掃除機で吸い込むと、子どもはガラガラという音から石が管の中にあることがわかります。また、石がホースを通っていく音の長さによってホースの長さを知ることができます。ほこりやゴミが集められた紙パックを触らせることもよいでしょう。

　にんにく絞り器を使ってみると、硬かったにんにくが柔らかくなり、臭いがすることを体験できます。にんにく絞り器の穴に触れ、にんにくを絞る行動を体験させてください。このような方法によって、子どもが家と庭の周りにあるあらゆる道具や電気器具を

発見・探索することが可能になります。

＜小学生・思春期＞

お金の識別

　硬貨は、大きさや厚さ、重さ、縁の手ざわりなど、さまざまな特徴がそれぞれあります。これらの特徴から種類別に分類し、それぞれの硬貨の額を知っていれば、自分がいくら持っているかや、買い物をした金額を数えることができます。紙幣は長さから識別することができます。ヨーロッパでは、紙幣を入れると金額を点字で読み取ることができる「ユーロ紙幣分析装置（www.caretec.at）」も使われています。

　紙幣の種類を知るもうひとつの方法は、手のひらに紙幣をのせて親指を基準にその大きさを測ることです。5 ユーロ紙幣の長い辺は親指の長さより少し長いですが、他の紙幣はもっと大きく手のひらの下の方まであります。何度も練習しているうちに、子どもはどのユーロ紙幣を使っているのかが分かるようになります。子どもが小銭を分けて入れられるように、さまざまな仕切りのある貯金箱を渡しましょう。また、仕切りが一つの財布と仕切りがたくさんある財布があります。どちらが実用的か、試しに一緒に使ってみましょう。また、家でお金を出し入れする練習をしましょう。一人で買い物ができるようになったら、最初は紙幣を 2 枚だけ財布に入れることから始めるのがよいでしょう。この時、5 ユーロ紙幣は 1 回、10 ユーロ紙幣は 2 回というように折り方を変えることで、子どもはどの紙幣なのか見分けることができるでしょう。

図 64
紙幣の種類を調べる

8.5　動作の順序

　私たちはあらゆる動作において、ある程度決まった一定の手順でそれをしています。すでに行った行動とまだ残っている行動を覚えておくと、より効率的です。動作をステップごとに分けて、ひとつずつ教えるとよいでしょう。最初のステップを子どもと一緒に練習

したら、最後のステップを一人でさせることで、活動をやり遂げた満足感・達成感を得ることができます。子どもがステップの正しい順序を覚えるのが難しい場合は、ステップに名前をつけるとよいでしょう。子どもは、後でひとつひとつのステップをまとめ、動作の手順を理解することができるようになるでしょう。

＜幼児・就学前児・小学生＞

衣服の着脱

　衣服の着脱動作を習得するためには、決まった手順（着る順番やしまう位置など）を覚える必要があります。小さいうちから次に着る服の名前を伝えることで、盲児は着る順番などを覚えていきます。服を着る方法は身に付いていても着る順序が分からない場合は、毎日同じように服を並べ、どの服が1番目で2番目はどれかなどがわかりやすいように服を広げて教えましょう。子どもの洋服ダンスも、この順番を反映させると分かりやすいでしょう。たとえば、下着は一番下の引き出しにして、そこから順番に着替えを取り出すようにします。また、洗濯した服を一緒に引き出しにしまいながら、どこにどの服があるのかを覚えてもらいましょう。

図65
あなたのTシャツは
どこにありますか？

食生活の拡がりに向けて

　食事の際には、どのような物が必要でそれがどこにあるのかを学ぶために、子どもと一緒に食卓の準備をしましょう。サンドイッチを作る時には、容器からバターをすくい上げ、パンの表面に塗り、パンの上にチーズまたはマーマレードを置き、サンドイッチを切るといった手順を決めて、すべての工程を子どもと一緒に行いましょう。このような経験を重ねることで、少しずつ、でも確実に、子どもは自分でサンドイッチを作ることができるようになるでしょう。他の活動も同様です。手順を説明し、食べ物に名前を付け、それがどのような感触や匂いであるのかを話し合ったりすることが、一人でできるようになるための手助けになります。

　私たちがこうした手がかりを与え援助をすることで、盲児は食生活に関わるさまざ

な手順をより明確に理解できます。例えば、8.2で説明したパックを開けて液体を注ぐという日常生活動作の行動手順も、そのひとつの例です。

工作

盲児が創造的な活動に参加するためには、それなりの準備が必要です。まず、必要となる材料をすべて集め、作業台の上に整然と並べる必要があります。接着剤とはさみは常に決められた場所に置きます。細かい物はトレーに入れてまとめます。深さのあるトレーを用いると、触覚で容易に置いた場所がわかります。紙くずなどを捨てるための小さな紙で折ったゴミ箱と、手が汚れたときに拭くための布を忘れないでください。工作では、どんなに整理整頓しても散らかってしまうものですので、それに寛容であることも大切です。

小学生・思春期

コーヒーやお茶を淹れるのが好きな子どもには、スモールステップでコーヒーメーカーの使い方を教えましょう。まず自分で水を注ぎ、機械の隣にフィルターとコーヒーを置きます。注いだり、人にふるまったりすることを通して、コーヒーやお茶を淹れるのに必要な動作をだんだんと習得していきます。

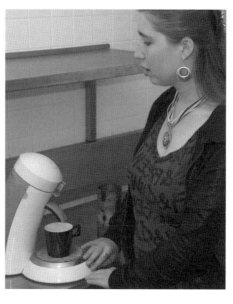

図66
センソのコーヒーメーカーで
コーヒーを淹れる

荷造り

ランドセル、旅行かばん、パソコンバックなど、いろいろなカバンに物を入れる機会が日常生活には溢れています。バッグの中に何が入っていて、それをどこに収めたかを覚えていれば、自分の物を見つけるのはずっと簡単になります。用途・目的に応じてどのかばんが最適であるか、子どもと一緒に話し合いましょう。一緒に荷造りするときは、何を最初に入れるか、どんな荷物を一緒にまとめておくのか、荷物をどのようにかばん

に収めるのかを考える必要があります。実際に、「本が縦になっているとかばんを閉じることができない」、「2冊の本の間にバナナを入れるべきではない」、「ぎゅうぎゅうに詰め込んだ本や衣服は、折り目やしわがついてしまう」など、試行錯誤の経験を通して、自分で荷造りすることができるようになります。

8.6　事物の変化への気づき

　子どもが外界を知るにつれて、似たような物でも大きさが違ったり、材質が違ったりすることに気づくでしょう。すべての椅子が同じではないこと、ひっくり返った椅子と直立した椅子の触れた印象は大きく違うけれども、同じ椅子であることが分かるようになります。ボールにはさまざまな素材や大きさのものがあり、重い軽いの違いはあっても、すべて転がすことができます。小さいけれども重いボール、空気の入った大きな軽いボールを初めて持った時には、子どもは混乱するかもしれません。また、おもちゃの電車や車、実際の車や自転車、バスなど、いろいろな動くものがあることにも気づくでしょう。このように事物の大きさ、重さ、位置、動作や場所は変化することを、さまざまな体験を通して理解していきます。

＜就学前児・小学生＞

　子どもに事物の変化への気づきを促すためには、まず、盲児が触れている事物の性質を説明することです。たとえば、大きさの違いが際だった2つのボールを触らせるような体験を通して、ボールにはいろいろな大きさ、柔らかさ、手ざわり、重さがあることの理解を促します。また、直立したものとひっくり返ったもの（逆さまのもの）は同じようには感じられません。おもちゃの車やコップが逆さまになっていたら、子どもはそれと気づかないかもしれません。物の配置は変わることがあるので、そのような変化にどのように対応していくかを、子どもは学ばなければならないのです。

- たくさんの異なるスプーンとフォークをトレーやカゴに入れて、相違点と類似点を子どもと一緒に探してみましょう。
- キャップ、ウールの帽子、パナマ帽など、異なる種類の帽子を子どもと一緒に調べ、違いを見つけ、それに名前を付けることで、語彙を広げられるようにしましょう。
- 形やサイズの違うかばんでも、ものを入れるという同じ機能をもっていることへの気づきも大切です。
- 折りたたんだタオルも、巻いたタオルも、浴室のフックからぶら下がっているものもタオルで、同じ機能をもっています。
- 折りたたみ傘と長い傘が雨を防ぐという同じ機能のものであることを理解するために、傘をひらいて全体を一緒に触ってみたり、雨の日に出かけてみたりすることが大切です。また、さまざまな素材で作られた傘があることも体験させてみましょう。

図67
折り畳まれた傘と
開いた傘

＜小学生・思春期＞

洗濯

　洗濯する衣類はさまざまな種類・形状のものがあり、洗濯かごにはズボン、Tシャツ、下着、セーターなどが一緒くたに入っていて、サイズもさまざまです。まず、一緒に洗濯物を分類しましょう。それが誰の服であるかわかると、楽しいゲームになります。服が汚れている感触（あるいは匂い！）に気づく子どももいるかもしれません。

　洗濯機のスイッチは、触覚的に分かりにくいものや、文字が非常に小さいものがあるため、ボタンを操作するのは盲や弱視の人にとって簡単なことではありません。小さな円形の凸シール（Bump-ons）やテープなどで洗濯機のボタンに印をつけることがおすすめです。洗濯機から服を取り出すことも、一緒にしてみましょう。洗濯した服は湿って重く、ぐしゃっとしているので、何の服かを識別することが難しいかもしれません。乾いている服との違いを知ることも大切です。

　濡れた服は、乾燥機に入れたり一緒に干したりしてみましょう。しばらくしてまた触ると、服は濡れていた時と違う感触がします。乾燥してしわが寄っていたり、乾燥機から出したばかりであれば暖かさを感じられたりするでしょう。そのような経験がなければ、子どもは、毎朝着ているすでにアイロンのかけられた服しか知らないままで、それまでの過程を学ぶことができません。

図68　洗濯物の仕分け

プレゼントのラッピング

　プレゼントの大きさによって、必要な包装紙の大きさは異なります。本を包装するためには、指輪が入っていた小さな箱ではなく大きな包装紙が必要になるでしょう。プレゼントを準備する体験から、子どもはどれくらいの大きさの包装紙が必要なのか予測できるようになっていきます。CD を包むと四角になることや、丸い箱は丸いパッケージになることなど、さまざまな形のラッピングを体験することも大切です。また、友だちへのプレゼントには風船をつけ、おばあちゃんへのプレゼントには花を添えるなど、どのような包装にしたいかを子どもと相談してみましょう。

水の不思議

　水を入れた容器を屋外に置いて、物を浮かべてみましょう。氷点下の朝それをみると、入れた物は動かず、凍っていることを体験させることができます。容器を家の中に持ち込んで、凍った水がゆっくりと溶けて物が解放されていく様子を子どもに触れさせましょう。　冷凍庫や冷蔵庫の冷凍室を利用すれば、冬ではなくても体験することができます。

第 9 章

イントロダクション（個人編）

　ここからは、全盲の子どもをもつ4組の夫婦のインタビューを紹介します。インタビューに協力してくれた家族に、事前に質問項目のリストを送ったことで、たくさんのエピソードを聞くことができました。エピソードは、それぞれの家族構成、子どもの育て方、子どものために行った工夫の順に説明しています。これは、視覚障害のある子どもを育てる保護者に対してのヒントになるでしょう。

　今回、さまざまな世代の夫婦に話を聞きました。1組目は、マリーナ（5歳）の母親のジョーイ・デ・マン、2組目はマイク（14歳）の母親のモニーク・コープマン、3組目はマジュク（21歳）の両親のバートとハネーケ・プリンス、4組目のグローリー夫妻のエピソードでは、イネーク（48歳）・バート（47歳）・シャルロッテ（39歳）の3人の盲児たちを数十年間育ててきた夫妻の経験が綴られています。

　マリーナの両親の時代には、何年も前のグローリー夫妻の時代の頃とは全く異なる教育や支援の選択肢がありました。今では、盲児が通常学校に在籍することは、一般的となりましたが、以前はそうではありませんでした。グローリー夫妻はこの道の先駆者となりました。子どもたちが視覚特別支援学校でなく通常の学校で学ぶべきだと、初めて決断したのが彼らなのです。4組目のインタビューで、巡回指導による支援体制がまだなかった当時、グローリー夫妻がどのように対処してきたかを知ることができます。2組目のマイクと3組目のマジュクは、どちらも特別支援学校へ行く前に通常の学校へ行きました。

　4組の夫婦の誠実な説明と、ヒントやアイデアが、視覚障害のある子どもを育てる保護者に刺激を与えることを願っています。

第10章
マリーナの母親、
ジョーイ・デ・マンへの
インタビュー

　マリーナは、2004年11月10日に、ロバート・コヴァックとジョーイ・デ・マンの間に生まれました。彼女は生後11か月の時、眼のがん（網膜芽細胞腫）であることが分かりました。片方の目はすぐに摘出手術を行い、もう片方は放射線治療をしました。手術後数か月、マリーナの目ははっきりと見ることができましたが、2006年3月に出血した後、彼女は明暗を区別することしかできなくなってしまいました。翌年の8月、その目も除去しなくてはならなくなり、彼女は完全に盲目になりました。2008年、マリーナはリッデルケルクの通常学校（基礎学校：オランダは5歳から義務教育）へ行きました。彼女はそこが好きで、たくさんの友達を作りました。マリーナの母親の「彼女は私たちと同じように物事を見ているのではなく、彼女自身の感じ方で見ているのだ」と言う言葉が全盲の我が子の受けとめ方をよく表しています。触覚と音を通して世界を発見する娘と両親は、異なる方法で物事をとらえます。しかし、それはまた、異なる方法であっても世界を発見できるという、人間の発達の可能性に気づくことを意味します。

＜触察力の発達を促す＞
　彼女の両親は、マリーナにすべての種類の物や素材を経験させることで彼女の触察力の

発達を刺激しました。マリーナは非常に小さいころ、触覚防御に苦しみました。足元の草など、たくさんのものが、彼女にとっては汚れていて、怖いものでした。彼女は、柔らかくて滑りやすい材料との接触を避けようとしました。彼女の両親はそれを受け入れながらも、ゆっくりと、しかし確実に、「恐竜のうんち」や「ぬるぬるした鼻水」（これらは、自分で作るか、おもちゃ屋さんで買うことができます）などの、よりべとべとしたものを紹介し、触察体験の範囲を広げました。これによって、マリーナは最悪の事態を乗り越え、今では手を使って食べ物を探索し、食べることさえできます。絵の具や糊を使った活動はまだお気に入りではありませんが、ジョーイは経験から、マリーナに特定の活動を無理に強いることは逆効果であり、触察の発達には役に立たないということを教わったと言っていました。

図70
触覚防御の場合に触ると不快になる可能性のある有形の素材

＜新しい概念の学習＞

　たとえば「飛行機」という新しい概念をマリーナに教えるためには、両手で触察することのできる模型を与えます。そのあとで、本物を体験させました。また、家族が住んでいるアパートを探検する機会を与えました。エレベーターを使って登り、階段を使って降りることで、マリーナは建物の高さを知ることができました。また、車の周りを歩いたりシートに座ったりしながら、一緒にいろいろな種類の車を見てまわりました。彼女の母親は旧式の救急車を発見したとき、運転手に、娘が触ってもよいか尋ねたりもしました。旧式の救急車のドアハンドルは今の救急車とはずいぶん違うことを、マリーナと一緒に発見しました。彼女の母親は、何かを触ってみることに対してマリーナは積極的だったと言っています。そのおかげでマリーナは、警官、消防士、象などが実際にどのようなものかということについて、かなりしっかりとしたイメージを持っています。マリーナの両親は、「体験する日」を作って定期的に彼女を連れ出します。ある日はDIYの店を訪れ、そこでマリーナはハンマー、釘、屋根瓦、便器について学びました。また別の日には、楽器店に行き、さまざまな楽器に触れたり音を聞いてみたりしました。

　具体的でない、直接、触れることのできないものについて説明したいときにジョーイは、マリーナがすでに経験したことに関連付けます。匂いや味や触覚などと結びつけるのです。彼女はマリーナに、温かくなることで太陽を感じることができ、月は眠るときの太陽であ

ると教えました（感じることができなくても、いつもそこにいるのですよ、と）。「プーさんと大嵐」の本を母親が読んでいるのを聞きながら、マリーナは自分なりのイメージを作ることができていました。これは、マリーナと母親が遊んでいた際に、嵐の気配がマリーナは分かり、母親は分からなかったことで明らかになりました。マリーナの母親は、マリーナに、雲を見ることはできないが、それらを通って飛ぶことはできると説明しました。また、色は温度と結びつけて説明します。赤はお湯に入れられたレンガのように温かく、青は、冷蔵庫に入っていた石のように冷たいというように説明します。

　ジョーイは、平面の画像を浮き出た立体画像に変換して、点字プリンターで出力するコンピュータープログラムである、TactileView を使用したいと話しました。これらの二次元の写真は必ずしも正確ではありませんが、ジョーイは、これによってマリーナに特定の事柄をより明確に理解させ、触覚の発達を促すことができると考えています。

＜なじみのない環境の探索＞

　当初、マリーナの両親は、家の周りの固定ルートを教えることを決めました。しかし、マリーナは自分の好きな場所に行ってしまったので、これはうまくいきませんでした。なじみのない場所に行く時、ジョーイはいつもマリーナと一緒に歩くようにしています。その後には、マリーナは一人で行くことができるようになります（非常に慎重に、探索の際には聴覚に大きく依存しながら）。家の外では、マリーナはオリエンテーションのために両親が舌で鳴らす音（クリック音）を頼りにしています。彼女はまた、足踏みの音と人々の声の反射（エコーロケーション）を使用し、風が吹いているときに空気の流れも認識しています。これらは、彼女が街灯や建物のような大きなものを知覚するときに役に立ちます。

＜日常生活動作の自立＞

　マリーナの両親は、マリーナにできるだけ自立してもらいたいと考えています。それが、彼らが彼女に毎日の家庭の仕事を一人でできるように教える理由です。彼女は冷蔵庫の中に自分の小さなコーナーを持っているため、好きな時に自分のジュースを手に入れることができます。注ぐことも学んでいます。ジョーイはマリーナを料理の手伝いにも誘って、野菜を切ってもらったり、スープをかき混ぜてもらったりします。マリーナの両親は、新しいことを学ぶ機会を、子どもから奪うべきではないと考えています。彼らの家訓は、「あなたが挑戦してみたいと思うなら、そのほとんどは、してみて構いません。ただし、失敗しても泣き言を言わないこと。」だそうです。マリーナは、人や物にぶつかることもありますが、そんなことはお構いなしに、通りでサイクリングやローラースケートをすることが好きです。

　3歳頃には、マリーナは手をつなぎたがりませんでした。そこで、彼女の両親は彼女に杖を与えました。最初は即席のもので、棒の先に小さなペイントローラーを付けたもので

した。少し大きくなってから、折り畳み式の白杖に替えました。マリーナは、外出時にはいつも白杖を持ち歩いています。使うのは混雑しているときのみですが、彼女の母親はそれをいつでも持っていることが重要であると考えています。自分の娘が視覚障害者であることを他の人に知らせるためです。状況に応じて、「私は目が見えません」という文字がプリントされたネオンピンクのベスト（IKEAで入手可能）も着せます。

　マリーナは意識を集中すれば、近所の広場から自宅まで一人で行くことができます。風が吹いているときは、ジョーイが風鈴を家の外につるし、マリーナはその音を家の方向を知る手がかりにすることができます。マリーナが少し大きくなると、ジョーイとロバートは、地元の評議会に、家の前に点字ブロックを配置できないか頼みました。点字ブロックが敷設されたおかげでマリーナは通りに住む子どもたちと家から少し離れたところで遊んでも、誰の助けも借りずに帰ってこられるようになりました。

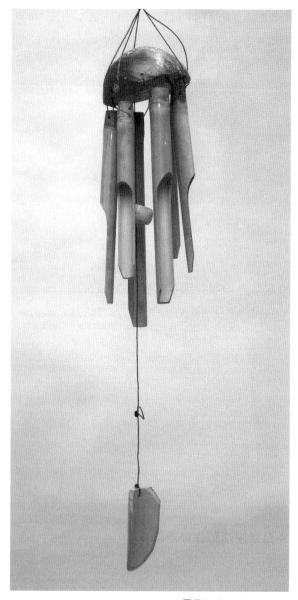

図71　ウィンドチャイム

＜家の環境の工夫＞

　マリーナの両親が家の内外で行った唯一の配慮は、門の階段の箇所であり、これは今後もそうするつもりです。リビングルームのテーブルは、ラグの上にあるので、マリーナは簡単に見つけることができます。普段、マリーナは物にぶつかることなく家の中を移動できます。家の中のすべてのものに定位置が決められています。玩具はみんな大きな箱に入っています。マリーナの母親は、その箱に玩具を戻すように教えようとしますが、マリーナにとってこれはまだ非常に難しいです。彼女の両親は、物を動かした時には、すぐにマリーナにどう変わったかを説明します。ジョーイはマリーナの同意を得てマリーナの部屋を年に1回模様替えし、2か月ごとに発見コーナーに新しいおもちゃを置きます。

＜服の識別と服選び＞

　マリーナは、自分で着たり脱いだりすることができる服が好きです。そして柔らかい生地を好みます。マリーナが自分で着たい服を決め、彼女の母親は、良い組み合わせかどうかを伝えます。このことでマリーナの気が変わることもありますが、ジョーイはそれは重要なことではないと思っています。大切なことは、マリーナが自分自身で決定することを学ぶということです。マリーナがもう少し大きくなったとき、マリーナの母親は服をラベルで色分けしたいと考えています。そうすれば、マリーナはラベルリーダーを使って、どの色の服を着るのかを自分で決めることができます。

＜余暇活動＞

　マリーナは泳いだりドラムを演奏したりすることが好きで、どちらも習い事として通っています。また、目の見える同級生と一緒に、体操のレッスンにも参加しています。ジョーイは以前、マリーナに同行し、部屋を案内していましたが、この役目は友達が担うようになりました。

　マリーナの両親は頻繁に彼女を公園へ連れて行きます。「私は目が見えません。」というベストを着ていることで、自由に動き回ることができます。他の子どもたちは、親にベストの文字を読んでもらい、説明をしてもらったり、目立つ色であるため「何か特別な理由があるようだ」ということを察したりして、自然に距離を保ちます。

＜その他のアドバイス＞

　インターネットフォーラムは、視覚障害の子どもを持つ親にとって役立つ情報源です。

役に立った工夫

　ジョーイは常に滑り止めマットを持ち歩き、とても便利だと言っています。ふちが高い（深い）トレーも、マリーナが無くなりやすい小さな玩具で遊ぶときに非常に便利なので良い買い物でした。小さな鈴が取り付けられたブレスレットや、鈴入りボール、中にお米を入れた風船などがあれば、視覚に障害のない子どもと盲児が一緒に遊ぶことができます。最近、ジョーイは、医師から、シルクやサテンは肌触りが良く、好む視覚障害者も多いので、マリーナにもどうかと勧められました（例えば衣装や毛布カバーに）。触感は、視覚障害者にとって重要なので、マリーナは近々これを試してみるつもりです。また、ジョーイはマリーナのために教室環境の工夫をしました。たとえば、触覚でわかるピクトボードを開発しました。小学校は視覚的なボードを使用して子どもに毎日のスケジュールを説明します（チャイムがなったときに次の活動が何であるかや、午後にする課題の内容などについて）。マリーナは、触覚シンボルのピクトボードを使用して、他の子どもたちと一緒にスケジュールについて話したり確認したりすることができるようになりました。彼女だけがグループから排除されることはなくなり、これまでよ

りも自立して学校生活を送ることができるようになりました。

楽しい活動

　視覚障害のある子どもと一緒に遊ぶことのできるさまざまなボードゲームがあります。マリーナは「タッチ＆フィールメモリー」が好きです。「ワニワニパニック」（クロコダイルのあごから指を早く離さないと歯で噛まれるおもちゃ）にも参加することができます。触って分かる工夫を加えることで、「ポップザピッグ」で遊ぶこともできます（おもちゃの豚のお腹が開くまで、ハンバーガーを詰めるゲーム）。この他、鈴入りボールを転がしたり投げたりして、マジックテープのついたグローブでキャッチボールをする遊びも楽しんでいます。マリーナの母親は、玩具メーカーのウェブサイトから、安価で目が見えなくても楽しめそうなゲームや玩具を探し、手に入れています。（ウェブサイトについては 15.1 参照）

　盲児は少し緊張しやすい傾向にあります。ダンスは、盲児がリラックスするのに良い方法で、マリーナはダンスが好きです。触る絵本も楽しんでいます。家の前の舗装された場所でゴーカートや三輪車に乗ることも大好きです。また、母親は、羽毛、マカロニ、スパンコールなど、感触が感じられるものを、グリッターや肌用の糊を使用して、マリーナの顔にフェイスペインティングをすることがよくあります。

　ジョーイは、楽しい活動の一つとして、動物園を挙げています。動物園の中には、視覚障害者向けの特別ツアーや点字案内板など、目の不自由な人のための工夫がされているところもあります。「子ども牧場」はお気に入りの場所の一つです。通常よりも時間を長くとってもらえるようにお願いをして、予約を取ることもできます。ジョーイは、マリーナが孵化したばかりの鳥やトカゲに触れることができるように、特別にお願いをしました。

寝室の装飾

　マリーナは寝室の壁には、ポスターの代わりに、浮き出るディズニーのフィギュアが飾られています。シンデレラのドレスの折り目など、細部まで立体的に浮き出しになっているので、見た目も美しく、触感でも楽しめます。部屋には、リボンが飾られていて、それには洗濯ばさみやいろいろな種類のボタンがつけられています。洋服ダンスにはラベンダーの袋が入っているので、彼女の服はいい香りがします。寝室の壁と同じ長さの棚には、触って楽しむためのさまざまな小物をすべて置くことができます。

工作・手芸

　マリーナは工作や手芸が好きです。彼女は浮き出るステッカーが好きで、粘土のフィギュアを作ったり、絵を描いたりすることも好きです。絵の具に砂を混ぜているので、彼女はどのように描かれたかを触って感じることができます。ビーズやボタンを通した

紐飾りを作ることも、お気に入りの活動です。これらは寝室の素敵な装飾になります。ジョーイが図書館から借りた本からヒントを得て、マリーナはシンプルな素材でいくつかの楽器を作りました。また、マリーナは「フェルト・カラーリング・ピクチャー」（フェルトやフリース、レースなど何種類もの素材を説明書に従って貼りつけて絵をつくるキット）も大好きです。触って楽しむにはこれが一番ですが、ペンで穴をあけて輪郭を作って描く遊びもあります。ジョーイは時々、手ざわりの違う布を紙の上に貼り、マリーナにそれと同じ布を見つけさせて隣に貼り付ける遊びもしています。

プレゼント

　マリーナの母親は、レゴブロックとレゴ用の土台、木の電車とレールのセット、音の出るおもちゃ、楽器などが良いプレゼントだと思っています。マリーナは、クマの形をしたフライパンももらい、それを使って今ではクマのパンケーキや卵焼きを作ることができます。しゃべる絵本や洋服もお気に入りのプレゼントのひとつです。また、彼女は「ビックバランスボード」（バランス感覚を養うための揺れるボード）、そして鍵盤を足で踏む大きなピアノマットももらいました。ピアノマットは、鍵盤と鍵盤の境界に紐やテープを貼るという、簡単な工夫をすることで、マリーナでも楽しめます。4歳の誕生日には、地元の動物園の会員証と、同伴者用のパスを贈りました。

第11章

マーイケの母親、モニーク・クープマンへのインタビュー

　マーイケは14歳の女の子で、クープマン家の父エドウィンと母モニークとの間に生まれました。彼女には11歳の弟のテウンがいます。彼女は在胎27週の早産で出生し、未熟児網膜症を発症しました。この眼疾患のために全盲となりました。

　マーイケは、オランダの海岸沿いにあるグロートという静かな町で育ちました。彼女は2歳の時、盲学校のリハビリテーショングループに来ました。はじめは、地元の通常の小学校に通っていましたが、6歳のとき、アムステルダムにある盲学校に転校しました。地元の小学校の先生たちは、マーイケには社会的スキルが欠けているのではないかと心配していました。盲学校に転校した当初は、新しい学校生活に適応することが、マーイケにとてもとても大変で、両親もその様子を見てとてもがっかりしていました。しかし、盲学校では、盲児が自立して日常生活動作・スキルの獲得をとても大切にして指導してくれるので、彼女は自分でできることがみるみるうちに増え、両親も今では盲学校に転校させて良かったと思っています。マーイケは、地元の小学校にいたときには、クラスメートに常に手伝ってもらっていましたが、盲学校では一人で身の回りの事をこなせるようになることが重視されます。

　両親は、マーイケの他にも通常の小学校に通っていたものの数年後に盲学校に転校した

盲児が数人いることを、盲学校の先生から聞きました。マーイケは現在、中等教育の２年生になりました。

＜新しい概念の学習＞

　新しい概念をどのように説明したかと尋ねると、マーイケの両親は、とても幼い頃から、事物や出来事、状況の名前を教えたり、説明したりすることから始めたと話してくれました。例えば、「今、あなたの腕をタオルで拭くよ。次はおなかを拭くよ」というふうに言葉で説明します。両親は、マーイケにできる限りたくさんの物を触らせようと努力しました。はじめに物の模型を触らせることもよくありました。また、マーイケは長年にわたってプレイモービル（7.6参照）の家や家具、動物などのフィギュアをたくさん集めていたので、模型を触って知識を蓄積することができました。

　エドウィンとモニーク夫妻は、模型を触って説明やお話をするだけでは不十分だと考えています。本物を体験することを大切にし、よくスーパーマーケットに行って、長い時間、さまざまな野菜を触ったり、匂いを嗅いだりしました。レジのお姉さんの膝の上に座らせてもらい、人々が買い物の代金を支払うときに、レジでどのようなことが起きているのか、その様子も知ることができました。また、家族で森に出かけて、幹や枝、葉や根を触って感じながら、さまざまな種類の木に触れる体験をさせました。木の高さがどれぐらいあるのかを知るために、倒れた木があれば、幹に沿って一緒に歩くこともしました。

　マーイケは、５軒つながっているうちの１軒の家に住んでいることを理解するのに苦労していたので、両親は、彼女にそれを実際に経験させることにしました。彼女を通りに連れ出し、角にある隣の家から歩き始めて、ドアからドア、庭から庭へと、隅から隅まで５軒分歩かせました。この経験を通して、５つの家が本当につながっていて、５つの家族が実際に隣同士に住んでいることを理解させることができました。後に彼女は、祖父母が住む広い平屋建の家や、隣同士ではなく上下に住居が並んでいて、庭のない友人のアパートなど、他の住居の型も学びました。モニークは、マーイケに物事を説明するのに多くの時間をかけましたが、常にというわけではありません。もし、マーイケが起こっていることすべてを追って体験し、理解しようとすると、一斤のパンを買うのに２時間もかかるでしょう。両親が、いつでもそれだけの時間をかけられるわけではありませんでした。

　プレイモービルの動物やかわいいクマのおもちゃは、本物の動物とは多少は似ていますが、実際に触った感じはまったく違います。エドウィンとモニークは、やはり、マーイケに本物の動物がどんな感じかを実際に体験してもらいたいと考えていました。まず、身近なところから、祖父母が飼っていたウサギに触れさせました。その時のマーイケの好奇心に触発された祖父母は、サンショウウオやカタツムリ、魚に触れられる自然公園や砂浜に彼女を連れて行きました。すべての動物が身近にいるわけではないので、ヤギや七面鳥を

見るために牧場のふれあいコーナーに行き、サルや蛇を見るために動物園に行きました。アムステルダムのArtis動物園が開催した視覚障害児のための特別ツアーで、マーイケはタランチュラを触ることができました。

　ナチュラリス自然史博物館では、警備員が見ていないときに、はく製のカンガルーをこっそりと触ったこともありました。モニークは、盲児の両親は恥ずかしがらずに、子どもが触ってみても良いかどうかを、どんどん尋ねるべきだと考えています。もっといろいろな体験させている両親は、他にもいると彼女は話しました。

　彼女は、別の盲児の両親が、ホームセンターで買った大きなたらいに、水を入れていた話をしてくれました。彼らはそのたらいに、たくさんの金魚を入れて、子どもを金魚と一緒に遊ばせたのです。そして、魚の群れが彼のまわりで渦巻くように泳ぐことで、水の動きやその速さや、どのように泳いでいるのかを、目の見えない我が子に体験させたそうです。

　雲や星のような、形がないものの説明は簡単ではありません。モニークは、そのようなものが目にはどう見えているか、触れてみたらどのように感じるかを説明するようにしていました。たとえば雲は、見た目は綿毛のように見えるけれど、触ると水のように感じるとマーイケに話しました。

＜なじみのない環境の探索＞

　マーイケは、出生後4ヶ月間、入院をしなければなりませんでした。病院の環境は、経験できることが限られていたので、退院後、スーパーマーケットへお出かけすることでさえも、世界中を旅するように感じられました。そこで、両親はゆっくりと時間をかけて、まずマーイケに身近で安全な家庭環境、次に祖父母の家、そして幼児向けのグループ遊びの空間と、身近な場所から紹介していきました。そこを起点として、その生活空間の輪を少しずつ拡げていくことで、マーイケはひとつひとつ新しい物や事柄を受け入れて、徐々に周りの世界を把握していくことができるようになったのです。

　幸いに住んでいる地域は治安が良いことに加え、自治体が家の前の通りに点字ブロックを敷設してくれたので、マーイケは外で安全に遊ぶことができました。外で遊ぶマーイケを母親はいつも注意して見守っていましたが、それでも、見失ってしまった時、近所の人達が一緒に探してくれました。手助けしてくれる人がいることを実感し、それまでよりも安心して子育てができると感じるようになりました。マーイケが学校に行くようになると、自治体は家から学校まで、点字ブロックを敷設してくれました。そして、将来を見据えて、ショッピングセンターとカフェへも敷設してくれました。マーイケは、白杖を使って点字ブロックを利用しながら歩いています。彼女は盲学校の先生による歩行訓練で、エコーロケーションの技術も獲得しました。経験を重ねるにつれてマーイケはより自立し、今では一人で買い物に行き、手伝いを必要とするときは自分から依頼できるようにもなりました。

　マーイケが休日に出かける時など新しい場所を訪れるときはいつでも、母親はトイレと

トイレットペーパーの場所、水洗レバーの操作方法を説明します。そうすれば、その周辺の他の物は自分で発見することができます。彼女の両親は、休日にはいつもマーイケが出かける機会を優先します。彼らはマーイケが空間を把握しやすいように小規模な施設を選びます。マーイケは、視覚障害児対象のサバイバルキャンプなど、盲学校が主催する活動にも頻繁に参加しています。彼女は、車の修理工場や美容院も見学したことがあます。

＜日常生活動作の自立＞

　モニークは、娘が学校を卒業したら何をしたいのか、いろいろ考えているようだ、と話しました。マーイケは社会的・職業的自立に向けたプログラムを受講しており、盲学校の心理士と歩行訓練部門のサポートを受けています。障害があることによってキャリア選択が制限されてしまうことは、マーイケにとって受け入れがたいでしょう。彼女は、キーボードプレーヤーとして音楽業界で仕事をするという夢に向かって、たくさん練習しています。彼女は物語を書くのも好きです。マーイケ自身も母親も、マーイケはいずれ一人暮らしができるようになると考えています。マーイケは、以前はアムステルダムに住みたいと話していましたが、今はおそらく、せわしない都会よりも、自分の住んでいる町の方がいいと思っているのではないでしょうか。

　マーイケの両親は、娘はできるだけ自立するべきだと考えています。彼女が幼い頃から、周りに助けを求めることは悪いことではないけれど、他人に頼りっきりなってはいけないと教えてきました。週末や長期休みには、マーイケに自分の服の選び方を学ばせました（彼女の服はすべてラベルが付いていて、しまう場所も決まっています）。彼女の母親は、以前はアイロンでつけたアップリケで衣類を区別させていましたが、今ではマーイケは生地の触感から服を選べるようになりました。彼女は柔らかい布が好きです。 マーイケは、匂いを嗅いで服を洗う必要があるかどうか確かめます。今では、平日、時間があまりないときに、服を出してあげることがあるくらいです。マーイケは、お茶やコーヒーの淹れ方を習い、点字の料理本を読んで料理も練習しています。彼女は料理が好きですが、少し手伝いが必要なこともあります。

図72
盲と弱視者のための料理の本

＜家の環境の工夫＞

　家の環境の整備で特に重視したことは、すべての物の場所を固定することでした。階段の前に安全柵を置くことも重要な手立てでした。マーイケが幼い頃、テーブルの角にはクッションを貼りつけたので、盲学校が用意してくれたフラフープも安全に遊ぶことができました。また、今でもマーイケが便利で使っているものは、シャワーの時にボディーソープとシャンプーを区別する容器です。これがあることで一人でシャワーを浴びることができます。温度調節のできる蛇口も、彼女にとって便利なもののひとつです。電化製品のボタンに小さな円形の凸シール（Bump-ons）（例えばトースターの正しい設定を示す）を貼れば、彼女も自分で操作ができます。こうした凸シールは、最近は、ホームセンターで購入できます。また、目盛りが触って分かる計量カップも使っています（action 製）。また、お皿は４つのセクションに分割されたものをいつも使っています。そして、両親は「じゃがいもは４時、ミートボールは６時、そして豆は９時の方向にあるよ」と、食べ物の場所を説明しています。

＜余暇活動＞

　マーイケは、キーボードを弾くのが大好きです。ボードゲームをしたり、CD、ラジオドラマ、録音図書などを聴いたりするのも好きです。マーイケは、恐れることなく、いろいろなことに挑戦するのが好きで、父親のように乗馬とセーリングも始めました。それをしている時、彼女は自由を感じると言います。彼女が幼い頃、水泳クラブに所属していましたが、通常の子どもたちのクラスは盲児のための個別指導を提供しておらず、マーイケは障害のある子どもたちのためのグループに参加していました。

　「障害があるからこそできることがある」という言葉どおりの実践として、マーイケは最近、近所のレストランのメニューを点訳してお小遣いを得るというアイデアを思いつきました。また、以前は、イベントのときに人々の名前を点字で打ってあげたこともあるそうです。

＜その他のアドバイス＞

　モニークは、オランダの視覚障害児の親の会（Dutch Federation for the parents of blind children；FOVIG）が発行する雑誌から、いろいろな役に立つ情報を得ています。また、盲学校のスタッフからもアドバイスをもらっています。さらには、eBay を用いて「点字」や「盲」といった検索語を入力すると、便利なものが見つかることもあったそうです。

　モニークは、マーイケと同じ学習グループの親と一緒におもちゃ屋に行き、盲児が楽しめるおもちゃや素材を探しました。盲児と視覚に障害のない子どもの両方が使用できるさまざまな（ボード）ゲームは、いろいろあります。マーイケは「Mastermind Junior」というゲームが好きです。このゲームで使われているフィギュアは触感に特徴があり、触って弁別できるので、マーイケは問題なく遊ぶことができます。

「scrabble」や「monopoly」のようなゲームの中には、視覚障害に対応しているものもあります。そうでないものであっても、少しの工夫を加えることで、対応可能なものに変えることができます。たとえば、トランプには、点字で印をつけることができます。

<役に立った工夫>

両親は、物や空間が認識しやすいように、同時に幼いうちから文字に親しませるために、点字盤と点字ラベラーを活用して、いろいろな物・場所に点字をつけました。また、点字タイプライターを使って子ども向けの本を点訳することもしました。

マーイケに絵本の読みきかせをするときには、絵本の内容を表す具体物を使って説明することが多かったです。たとえば、ミッフィーの本を読んでいるときには、ミッフィーのぬいぐるみを渡します。

楽しい活動

マーイケが幼い頃は、近所の子どもたちとよく砂場や公園で一緒に遊んでいました。しかし次第に、子どもたちはマーイケがついていけないほど、遠くの場所で遊ぶようになりました。今でも、まだ近所の女の子と遊んだり、外のベンチでおしゃべりしたりすることもありますが、この先、時間がたつにつれて友だちと少しずつ疎遠になる可能性は高いでしょう。そのことを、マーイケは気にしないようですが、母親は気にしていました。マーイケは、空いた時間には、盲人卓球をするのが好きです。彼女はまた、美術館に行くことも好きです。母親はいつも事前に電話をして、目の見えない子どもが楽しめるものがあるかどうか確認をしています。

寝室の装飾

マーイケの寝室は、実用性を備えながら、魅力的でもあります。観賞用のフクロウやセラミックの蝶、アフリカのお面、壁に取りつけられたトロフィーのような豪華なライオンの頭、そして月の形をしたランプなど、探索したくなるようなものがいくつもあります。花やハート型をしたドアノブも、お店で買うことができます。

工作・手芸

マーイケは、工作・手芸が特に好きなわけではありませんが、彼女が興味を持ちそうな作業を選んで、やってみるように促しました。彼女は粘土を使って物を作ったり、物をくっつけたりするのが好きで、アイロンビーズ、フェルト、そして段ボールに模様をつけることにも興味を示しました。最近、マーイケは盲学校の友だちと一緒に、触る絵本を作りました。

プレゼント

　モニークは、目の見えない子どもへのプレゼントとして、アップル社の視覚障害者も使いやすい MP3 プレーヤー iPod shuffle をおすすめしています。携帯電話も便利で盲児が楽しめるものです。マーイケは Nokia N82 を持っており、音声ソフトが搭載されているので、一人で使いこなすことができます。英国王立盲人協会（www.rnib.org.uk）およびアメリカン・プリンティング・ハウス（www.aph.org）のウェブサイトにも、音声で使えるソフトや楽しいクロスワードパズル、録音図書が豊富に用意されています。

　マーイケは、お財布や化粧バッグのような女の子らしい贈り物も好きです。幼いころには、ボイスレコーダーをプレゼントしてもらったこともあります。また、点字の料理本や、「しゃべる絵本」もたくさん持っています。

第12章
マッケの両親のバートと
ハンネケ・プリンスへの
インタビュー

　マッケは21歳で、3人姉妹の次女です。彼女は5歳になるまでレーワルデンにある学校に通っていましたが、ドロンテンに引っ越したので地元の通常小学校に転校しました。しばらくして、彼女は体調が悪いから家にいたいと言うようになりました。彼女の両親は、マッケが新しい学校を楽しく思っていないだけかと思いましたが、脳腫瘍による水頭症であることが判明しました。腫瘍の切除手術をしましたが、残念ながら失明を防ぐことはできませんでした。腫瘍は完全に切除することができず、7歳のときに放射線治療を、14歳のときには再手術を受けなければなりませんでした。現在は安定していますが、腫瘍の状態が変わるか予想ができないため、将来の見通しについては不安を抱えています。

　マッケは視力を失っただけでなく、嗅覚と短期記憶にも損傷を受けました。また知的機能に障害を受けている様子が見られました。こうしたことから、マッケが通常の学校で教育を受けるのは難しくなりました。そこで彼女は、ハイゼンにある盲学校に入りました。週に3回、朝だけ出席することから始め、次第に毎日、そして1日中登校できるようになりました。最近、彼女は、盲学校と同じ組織が運営する視覚障害および知的障害のある成人のグループホーム、「エリザベス・カリス」に入所しました。

　マッケは、グループホームをとても気に入っています。視覚障害と知的障害のある人の

ための施設ですから、マッケが必要とする支援は、そこでは特別なことではく（なのでマッケだけ目立つことはありませんし）、安心して生活することができます。彼女は平日はそこで生活し、週末に家に帰ります。おそらく近々、彼女はその施設（昼は作業所、生活はグループホーム）で毎日生活することになるでしょう。マッケは、施設のキャンドル工房、陶器工房、作業所に併設された子ども農場、そして、動物と触れあうイームネスにある自然環境教育センターと、それぞれの場所で役割を担って働いています。両親は、マッケの様子を見ていて、視力を失ったことに不安を感じている様子は見られなかったけれども、知的な障害については悩んでいる様子が見られた、と話しました。彼女は、同級生と一緒にアムステルダムの盲学校に進学できないのは、自分にはその盲学校での学習が難しいからではないかと感じており、そのことに不満や残念な気持ちを持っていました。また、姉がしているように、テレビの英語版を見て理解することができないことも、悲しく思っていました。姉妹たちのようにミュージカルに参加できなかったり、姉妹のような正式な卒業式ができなかったりしたことを残念に思っていました。

＜触覚の発達を促す＞

　マッケが失明してしばらくして、両親は「触察ボックス」（Touch and feel boxes：箱の中身を触って当てる遊び）というものを作りました。そこには、さまざまな素材の布切れや、秋になると栗、ドングリ、ブナといった木の実のようなものを入れました。この箱を通して、マッケは、物によってその性質はさまざまに異なることを学びました。たとえば、布切れはとても柔らかいが、栗はとても固いというようなことです。マッケの家の居間には、ビーズや貝殻など、触るのが面白いものがたくさん入ったボウルや容器が、いまでも、あちらこちらに置いてあります。両親は、いろいろな食べ物はもちろんのこと、調理する前の魚も触らせました。「ちょっと不衛生」と思う人もいるかもしれませんが、両親はそうは思いません。ありとあらゆることを経験させ、マッケのもつ世界を広げたいと考えているのです。

図73
探索するためのさまざまな貝殻

＜新しい概念の学習＞

　マッケは、5歳になるまで目が見えていたので、基本的な概念についてはすでに獲得していました。動物や建物の形も知っていましたし、海の広さも理解していました。両親は、新しい概念を説明する時には、既知の知識をふまえて説明しました。マッケが風力発電のタービンがどのようなものか知らなかったとき、父親は、彼女がまだ見えていたときに見たことがある風車のようだと説明しました。レーズライター（父親は新しい概念の説明のときによく使います）でタービンを描くことによって、形をイメージできるようにしました。マッケの視覚的な記憶に新しい概念を追加することがなくなった今、そのイメージは少しずつ薄れ始めています。彼女は草が緑色であることは知っていますが、色を頭に中に描くことはできません。

　彼女の両親はどこへでもマッケを連れて行き、いろいろな物を触れるよう促してきました。お出かけをしたときには、彼女に物事の本物を経験できるように特別な工夫をしました。たとえば、動物園では、マッケはゾウに近づいて、ゾウの下をくぐったり、触ったりさせてもらいました。ヘビを抱いたりもしました。マッケ自身が好奇心旺盛だったことは、周りの世界に関する新しい知識を吸収し、蓄えていく原動力になっていたと思います。彼女の両親はいつも新しい物事に目を向け、アンテナを張っていました。ある日、アメリカンフットボール選手と何人かのチアリーダーに偶然出会ったときには、マッケの母はマッケがチアリーダーの衣装や選手の背丈がどれぐらいか、触らせてもらえないか、お願いをしました。スーパーマーケットのレジで並んで待っている時に、彼女の前に立っている人のコートの生地を触らせてもらったこともありました。マッケは15歳くらいまで、セサミストリートや子ども向けの特別ニュース速報などの教育番組も見ていました。

　バートとハンネケは、事物が視覚的にどのように見えるかを教えることは、マッケにとって、本当に重要なことなのか、しばしば疑問に思っています。それよりも、マッケは事物の機能とそれに触れたときに出る音の方に、より強く興味を示すからです。

＜なじみのない環境の探索＞

　両親は、マッケが幼い頃から白杖に親しませるようにしました。マッケに、「白杖はあなたの目となるものだから、私たちが家に目を置いていかないのと同じように、あなたも白杖を家に置いて行ってはいけないよ」と話し、外出するたびに白杖を持って行かせるようにしました。彼らはそれを徹底させ、マッケも自立して歩くためには自分には白杖が必要であることを知っていたので（彼女にとって一人で歩くことは楽しいことでした）、白杖を持つことを拒否したことは一度もありませんでした。

　マッケが、両親の友人宅などの新しい場所に行ったとき、両親はそこがどのような所かを教えるために家の中を案内して回ることもあります。マッケは、こちらから促すことなく、自分から何でも探検してみたい意欲をもっています。また、彼女は空間認知能力が優れているので、部屋の大きさや何が部屋にあるのかを、すぐに把握することができます。

数年前に引っ越しをしたときには、あらかじめ、マッケに新しい家の配置図を触図で作って渡したので、すぐに新しい環境を把握することができました。

　両親は、ともに介護関係の仕事をしていて、失明に対する考え方は全く同じです。彼らは、「見えないことはとても残念なことだけど、今できることを、精一杯することが大切だ」と考えています。マッケには、どんな経験でもさせようと心がけてきましたし、彼女がしようとすることを止めることはせず、いつもできるだけチャレンジしてみるように促してきました。また、マッケは、よく他の子どもたちと一緒に家の前の通りで遊びました。子どもたちには、彼女が見えていないことを特に気にする様子もありませんでした。散らかった遊具につまずいてマッケが怒ったときでも、「もう終わったことなのだから、戻って一緒に遊びなさい」と言って、両親はあまり気にも留めませんでした。

　バートとハンネケは、マッケに障害があっても、自分自身で人生を築いていくべきであると、いつも言っていました。この目標に向かって、両親は一歩ずつ、歩みを進めてきました。マッケは14歳から盲学校の寄宿舎で短期滞在するようになりました。今、彼女はエリザベス・カリス（グループホーム）で平日を過ごし、週末に家に帰ります。グループホームでは、なんでも自分で行うように支援し、いずれは自立して生活することを目標としています。彼女は地元のスーパーで買い物をすることを学び、必要なときには店員に助けを求めることもできるようになりました。マッケは、自分の行動を計画することが難しく、そのため自炊はしませんが、一人で部屋で食事をすることもあります。電子レンジを持っていて、それを使うことは十分にできます。

　マッケが幼い頃は、父親はよくタンデム自転車に彼女を乗せてサイクリングに行きました。ムゲンビート（蚊に刺されたことを意味するオランダ語）のような面白い地名の場所を選んで、いろんな所に行きました。今ではマッケは、両親がいなくても、旅行に出かけます。最近、彼女は知的障害を持つ人々のためのボランティアグループと一緒に、フランス旅行に行きました。とても楽しい旅行でしたが、ついていくのが大変だと感じる時もありました。その時のことについて母親は、「人生には、時には思い切ってチャレンジをしなければならないときがあり、それが必ずしもうまくいかない場合もあります。でも、親として彼女に起こることすべてを予測できないことは、当たり前のことでもあるのです。」と話しています。

＜家の環境の工夫＞

　マッケの両親は、彼女が安全に生活ができるように、家の周囲に階段用の柵を置いていました。また、マッケがペットボトルの区別がつくように、「リサイクルラベル」を作りました。ペットボトルを分類し、点字で「コーラ」や「ジュース」などのラベルを貼りました。サンドイッチの具材が入っていた空瓶は瓶の形を区別することができるので、ラベルを貼る必要はありませんでした。

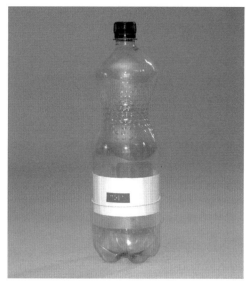

　バートとハンネケは、盲児用の市販のゲームは価格が高いので、自分たちで工夫することにしました。カードゲームのカードに点字を貼りつけて、色分けされている「ルード」の駒には色を示す切り込みを入れました。そうすれば、マッケは自分の駒と相手の駒を区別することができます。また、「ヤッツィーのスコアカード」を木の板で作り、数字をマークする穴にマッチ棒を入れて、スコアを数えられるようにしました。父親は、マッケがDVD を観たい時にメニュー画面を操作しなくても観られるように、いつも「DVD Shrink」のソフトを使えるように設定しています。プログラムはインターネットから無料でダウンロードできます。

＜服の識別と服選び＞

　マッケは自分一人で服を選ぶことができないので、両親が付き添います。買う時は、両親が基本的にリードしますが、マッケも自分の好みを言います。マッケはジッパーやボタンの操作が苦手なので、服を選ぶときにそれについては悩む必要はありません。

　母親は、先に服の組み合わせを決めておき、マッケが組み合わせの中から選べるようにします。カゴに服を分類して入れたり服に点字ラベルをつけたりして服を選ぶ方法は、マッケにはうまくいきませんでした。いまでは、彼女は朝、上のジャンパーが決まれば、あとはそのペアになっているスカートかズボンかどちらをはくか決めるだけで服を選ぶことができます。こうすることで、彼女が合わない組み合わせの服を選ぶことがないようにしています。

＜余暇活動＞

　マッケは工作や手芸が好きです。パソコンを使って、メールやチャットをするのも好きです。よくテレビも見ます（流れている字幕はウェブで聞くことができます）。マッケは

点字の本も読みますが、録音図書の方が好きです。両親は、本棚の代わりに、CDの録音図書を入れるためのCDバッグを買ってあげました。本のタイトルはCDカバーに点字で書かれているので、マッケは手助けなしに探して、デイジープレイヤーにCDを入れて聞くことができます。マッケは何年間も、ガールスカウトに入っていました。14歳になるまで、彼女は一般のスカウトクラブに入っていましたが、だんだん友たちとの交流がなくなってきたことに気づいたそうです。現在は、月に1回、週末に身体障害のある子どもたちのスカウトクラブに行っています。冬にはスケートをし、夕方にはスポーツの練習、長期でダイビングのレッスンを受けたこともあります。これらの活動はすべて盲学校が企画・運営しているものです。

＜その他のアドバイス＞

　マッケの両親は、視覚障害のある子どもを持つ両親たちとの交流を、とても大切にしていました。ハンネケは、かつてスクールタクシーで一緒だった二人の視覚障害児の両親と、いまでもコーヒーを飲みながらよくおしゃべりをすることがあります。生活に役立ついろいろな情報交換をするだけでなく、家族の悩み（例えば、目の見えない子どもと目の見える兄弟に対して、どうやって分け隔てなく接したらよいか）や将来への不安についても話しています。

楽しい活動

　　バートとハンネケは、家族全員で楽しめる活動を見つけるために、いろいろ工夫してきました。たとえば、映画を見に行く時には、マッケがオランダ語の映画を、他の家族は自分が観たい映画を見ることができるようにする、といったことです。ボウリングや水泳にも行きました。家族でよく行くボウリング場では、レーンの間にゲートを置かせてもらって、マッケが投げる場所が分かるようにして、家族が一緒に遊ぶことができるようにしました。マッケの両親が特に気に入っていたのは、視覚障害の子ども向けの特別なツアーがある動物園へ、家族で出かけることでした。誰もが楽しめるからです。

　　誕生日パーティーは、いろいろな工作活動を準備して、それらはいつも近所の子どもたちから大好評でした。ある時には、盲学校のスタッフが、弱視と盲の状態をシミュレーションするための眼鏡と白杖を持ってきて、視覚障害のない子たちに体験させたこともありました。

寝室の装飾

　　マッケの部屋は見た目が良いだけでなく、音や感触も楽しめるものが、たくさんあります。例えば、ランプシェードには小さな鐘がついた素敵な生地を使用しています。また、マッケの好きなもの、例えばさまざまな形の貝殻で作った「絵」を入れた写真立てもあります。

工作・手芸

　マッケは工作・手芸が大好きです。手芸用のビニール製の細い紐を用いてキーホルダーを作ったり、アイロンビーズで人形のモビールの飾り付けをしたりしました。また、発泡ポリウレタンフォームフレームを使って「触覚絵画」を描き、それに羽やビーズ、種、マカロニなどで質感を加えました。小さな貝殻やビーズでネックレスを作るのも好きです。また、母親があらかじめ縫い合わせた布に、小さなビーズを縫い付けることも楽しんでいます。それをカードに貼り付けて、誰かに送ってみるのも素敵です。

　ハンネケは、触覚でもネックレスを作ることのできる特別な方法を教えてくれました。まず、長さ約 12 メートルの手芸用のビニール製の細い紐を購入し、2 メートル分にはたくさんのビーズを通します。次に、残りの紐を、端からビーズの周りにかぎ針でかぎ編みします。最後にネックレスに留め金具を取り付けます。

プレゼント

　両親は、いつもマッケへのプレゼントを探すのに苦労しています。点字の料理本や腕時計など、少し高価なものを買うために、寄付を募ることもあるそうです。クリスマスの時には、両親は、マッケがツリーの下でみんなにプレゼントを配ることができるように、参加者全員の名前を点字で書いたプレゼントを準備しました。

第13章
イネケ、バート、シャーロットの両親であるグローリー夫妻へのインタビュー

　イネケ（48）、バート（47）、およびシャーロット（39）は、遺伝性の眼疾患であるレーバー先天性黒内障のため、生まれつき目が見えませんでした。グローリー夫妻には、他にヤンとオロフという、二人の子どもがいます。　一家はエグモンド・アン・デ・ホーフ村に住み、球根の栽培を営んでいましたが、現在は花屋と小さなキャンプ場を経営しています。

＜イネケとバートの成長の歩み＞

　イネケとバートは、地元の保育園に入園し、集団生活がスタートしました。2人は村で唯一の盲児でしたが、いつもコミュニティーの一員として受け入れられていました。バートの誕生日会にクラスメイトの半数を招待したときには、その全員が集まってくれました。誰もがバートをクラスの仲間だと認めていました。バートが仲間として受け入れられた理由は、多分、バートの性格が関係していたと、両親は考えていました。

　保育園を卒業した後、バートとイネケはグレーブにある寄宿制のウィーンベルグ盲学校

に行くことになりました。そこで研修生をしながら、修道女の先生から教育を受けました。当時は、家に帰ることを許可されるのは、長期休みだけでした。ですので、毎回の長期休みの最終の日は、両親も子どもたちも悲しみに暮れていました。また、グローリー夫妻が盲学校の訪問を許されるのは、学期に1回だけで、何週間も会うことができませんでした。グローリー夫人は、子どもたちに点字の手紙を毎週日曜日と水曜日の夜に送り、家族のさまざまな出来事を子どもたちに伝えました。数年後、バートは神父さんが先生をしているナイメーヘンにあるシント・ヘンリクス盲学校へ転校しました。イネケとバートが一緒にいられないことは、子どもたちにとっても両親にとっても、とてもつらいことでした。両親は、「良い子にして小学校を卒業したら、必ず家に戻って一緒に暮らせるようにするから。」と、彼らに約束しました。

　そしてついに、その時が訪れました。二人は一生懸命、勉強を頑張り、それを証明する卒業証書を携えて、家に帰って来ました。それは、家族全員にとって感無量の瞬間でした。

　帰宅すると、家の前には「おかえり我が家へ！」という、大きな横断幕が掲げられていました。今からすると想像できないかもしれませんが、それはとても画期的なことで、グローリー夫妻がはじめて盲児を家庭に連れ戻したのでした。当時は、彼らが学んでいたカトリック系の盲学校だけでなく、プロテスタント系のバルティメウス盲学校とオランダ王立盲人協会も、盲児を家に連れて帰ることについて、懸念を表明していました。

　地元のエグモンド・アーン・デン・ホフで、イネケとバートの学校を見つけなければなりませんでした。盲学校は教育的なサポートをしてくれず、巡回指導などのサポートサービスなどもなく、それは簡単なことではありませんでした。

　地元の子どもの多くは、アルクマールの近くにあるギムナジウム（大学進学を目指す学校）に通っていました。両親が学校長に連絡すると、意外にも肯定的な返事がもらえました。「ギムナジウムの教育レベルについていけるのなら、障害があっても入学を認めましょう。」と校長は言ったのです。両親は少し驚いて、実際に目の見えない生徒が入学すると生じるさまざまな困難を説明し、そのことを理解しているのか、改めて尋ねました。それでも学校長は、「教員に詳細を伝えて、誰が受け持ってくれるかを相談してみましょう。」と言ったのです。そして、全教科で、イネケとバートを受け持ってくれる先生が見つかりました。

　もちろん、学ぶためには点字教科書が必要でした。アムステルダムには視覚障害者向けの図書館がありましたが、子どもたちが必要とするような教科書はありませんでした。イネケとバートは、最初、教科書なしで学ばざるをえませんでした。幸い、以前、点訳を依頼したことのある女性ボランティア団体にお願いをしたところ、教科書の点訳をしてもらえることになりました。数人のボランティアが家に教科書を持ち帰り、最初の数章を点訳してくれたおかげで、イネケとバートは、ついに良いスタートを切ることができました。

　両親は、子どもたちが読めないワークシートなどの翻訳を、このボランティア団体に依頼することがよくありました。当時は、国からの特別な教育的ニーズに対する補助金はありませんでした。ある日、郵便配達の人が英語の点字辞書が入った8つもの袋を届けに来

ました。クリスマスに本を届けてくれたことに感謝し、両親は花とケーキを持ってボランティアの家々を訪ねてまわりました。

＜シャーロットの成長の歩み＞

　シャーロットの学校生活は、地元の保育園から始まりました。そして姉のイネケと同じウィーンベルグ盲学校に入学しました。彼女のときは、二週間ごとに帰省することが許されました。

　しかし、当時は学校のスクールタクシー（スクールバスの役割をもつワゴン車）はなく、グローリー夫妻は何時間も車を運転して、シャーロットとイネケを迎えに行く必要がありました。ガソリン代は自己負担で、収入の少なかった夫妻にとっては、大変なことでした。

　シャーロットは、ウィーンベルグ盲学校での生活に満足をしていませんでした。幸いに、2年後には王立盲人協会が始めたプロジェクトに参加することができました。このプロジェクトは、視覚障害児の統合教育を目的としていました。

　シャーロットは、地元の村の通常の小学校に転校し、再び家族と住むことができました。彼女は王立盲人協会の巡回教師であるニコ・ヴァン・ウェイブレンから指導を受けることになりました。シャーロットの存在は、学校に新鮮な息吹を送り込みました。彼女の社交的な性格と創造力は、みんなに高く評価されました。彼女は、自分の歌までも作りました。

　シャーロットにはたくさんの習い事があり、スイミングスクールや理学療法、音楽教室にも通っていて、「子どもらしい時間がない」と、よく言っていました。あるとき、彼女は子ども向けのテレビ番組に出演しました。インタビューの映像が流れている時に、父親は贈り物でもらったワインボトルをあけました。それは、子どもたちが通常の学校でうまく学べていること、そして障害のある子どもが通常学校で学ぶことに対して多くの人が好意的に受けとめていることを知り、嬉しかったからです。シャーロットは兄と姉と同じ中学校に通ってみて、兄と姉が自分のためにその道を拓いてくれたことを実感しました。障害がありながらも、彼女は課外活動に多くの時間と力を注ぎました。

　シャーロットは、学校でミュージカルに出ることが好きで、先生たちの面白い名言を集めた本も作ったりしました。この本は生徒の間でとても人気で、何度も増刷されました。また、病院の放送局でラジオの司会者としても活躍していました。

＜卒業後のイネケの歩み＞

　彼女は中学校を卒業した後、アムステルダムでソーシャルワーカーの養成教育を受けました。養成教育の一環として、さまざまなインターンシップも経験しましたが、卒業後に、ソーシャルワーカーは人余りの状況で、仕事を見つけることができないことに気づきました。両親の勧めもあり、イネケが長年楽しんでやってきた仕事でもある、ガス会社の電話オペレーターの仕事に応募することを決めました。しかし、会社が合併をしたことを機に、彼女はコールセンターに異動することになりました。しかし、イネケはコールセンターで

の仕事のペースや業務の内容に対応することが難しく、仕事を続けることを断念せざるをえませんでした。

　その後、彼女はユトレヒトにある弱視と盲の人のための電話サービス会社に長く勤めました。それは彼女にとって理想的な仕事でした。しかし、インターネットの普及により電話サービスの仕事は時代遅れになり、サービスへの補助金が削減され完全に廃止されました。彼女は今、被害者支援団体で働いています。彼女はまた、「Seeing in the dark」（暗闇の中を見る）ツアーで、ボランティアツアーガイドの一員として、目の見える人が視覚以外の感覚を頼りに行動することを体験できるツアーの運営に携わっています。イネケは20年前から、女友達と一緒に暮らしています。

＜卒業後のバートの歩み＞

　中学校を卒業した後、バートは神学を専門に学びました。途中で、オランダ語とオランダ文学のコースに転向し、コース終了後、改めて神学の勉強を再開し、無事に神学も修めることができました。

　バートは、学生時代をアムステルダムで過ごし、さまざまな学生アパートで暮らしました。彼は引っ越しのたびに、大学への新しいルートを学ばなければなりませんでした。当時、通学の歩行訓練をする支援はなく、母親の助けがこのときには必要でした。

　母親によると、路面電車に何駅か乗り、次にお店が何軒か並んでいる細い路地を通って、最後に橋を渡るというルートを、何度も練習したそうです。そして、いざ単独歩行をしてみると、橋の上から落ちそうになったそうです。グローリー夫人が彼を叱咤激励しながら歩行指導をしていると、通りかかった男性が彼女の肩をたたき、「まさに、あなたこそが「母」ですね。素晴らしい。」と声をかけてくれました。その話を聞いた友人から、「グローリーはスパルタ教育者ではなくて、厳しくも愛情深く子育てしてきたのよ」と、冗談まじりに言われたことがあります。バートは現在、アルクマールの司祭団に勤務しています。

＜ヤン＞

　ヤンは、グローリー夫妻の3番目の子どもで、彼には視覚障害はありませんでした。視覚障害のある子どもの子育てと比べれば、両親はほとんど手をかける必要がなく、結果としてヤンは両親の関心を集めることがあまりありませんでした。そのことに加えて、盲の兄妹がいつもいつも、お喋りをしているという状況にもありました。友人がヤンの顕著な吃音（どもり）に気づき、そのことを教えてくれるまで、両親はヤンにとって必要な関心を、自分たちが十分に向けていないことに気づきませんでした。

　中学校卒業後、ヤンは教員養成大学に進学しました。当時は、必修の兵役義務の代替手段を選ぶことができたので、ヤンは点字図書館で働くことを選択しました。ヤンは、視覚障害者とのコミュニケーションに慣れ親しんでいるため、とても歓迎されました。しかし、盲の図書館職員の多くは、独自の言葉をヤンと共有する兄弟姉妹とは異なる方法でコミュ

ニケーションをとっているということが、後からわかりました。

　ヤンの両親は、家族から独立して自分のやりたいことをすることを認めてくれました。そのため、ヤンは、盲の兄弟姉妹を重荷と感じることはありませんでした。それどころか、ヤンはバートと一緒に休暇を楽しんだりもしていました。ただ、ヤンは常に「視覚障害のある兄弟姉妹の弟」と見られていたこともあって、村から離れようと考えました。ヤンは今、パートナーと2人の息子がいて、小学校の校長を務めており、最近、教育学の研究を始めました。そして、マウンテンバイクのレンタル会社も経営しています。

＜卒業後のシャーロットの歩み＞

　シャーロットは兄、バートの背中を追って、オランダ語とオランダ文学を学ぶことにしました。その理由は、兄から「それほど難しくないよ」と聞いていたからです。そのため、児童養護施設のボランティア活動など、他の活動も充実させることができたのです。卒業後には結婚して、2人の子どももいます。夫と子どもには視覚障害がありません。

　現在、シャーロットは喜劇役者をしています。彼女は喜劇で、「自分にとって何が大切ですか？」ということを、目が見えない自身の経験を通して表現しています。「週末の食料品の買い物ができない妻と結婚したいと思う人がいますか？「私」はそうは思いません。あるいは、服を買ってもらうためにわざわざ一緒に店に行かなければならない妻と結婚したいと思う人がいますか？「私」はそうは思いません。でも（なぜか・・・）、私の夫と子どもたちは「私」のことをとても愛してくれているのです（笑）。」

＜オロフ＞

　オロフは、ヤンと同じように視覚に障害がなく、生まれました。1歳を過ぎた頃にてんかん性発作を起こし、脳に少し障害が残りました。特別支援学校に行った後、農業関係の専門学校に進学しました。現在は、球根栽培の仕事を手伝いながら、兄のバートと一緒にエグモンド・アーン・デン・ホフに住んでいます。兄と一緒にタンデム自転車で通勤したり、一緒に買い物に行ったり、郵便物を読んであげたりするなど、兄の日々の生活のサポートもしています。

＜両親の暮らしぶり＞

　グローリー夫妻は、家族の生活を支えるために懸命に働きました。球根栽培だけでなく、長期休暇の時期には観光客を宿泊させていました。そのため、子どもたちは部屋を空けて、庭にテントを張って生活しなければなりませんでした。両親は、視覚障害児を持つ親の会の地域支部の立ち上げにも力を注ぎました。グローリー夫人は、日中は子どもたちの面倒を見て、夜遅くまで洋服の仕立てやお直しをすることもありました。

　グローリー夫妻は、常日頃、「人には頼りたくない」という気持ちが強かったそうです。そのため、周囲の人々からの援助は、あまり受けなかったそうです。ただ、ひとつだけ例

外がありました。近くの修道院に住む修道女が毎日やって来て、グローリー夫人の話し相手をしてくれていたのです。

　あるとき、グローリー夫人は5人の子どもの子育てにいよいよ限界を感じ、誰かに助けを求めるという選択をしたこともありました。しかし、家庭支援団体の会長でもある村長は、次のように彼女に話したのです。「でも、グローリー夫人。あなたは上手く子育てをしていて、そこまで大変そうには見えないよ。それに、支援を求めるのは、他の納税者の負担になることも理解してほしい。」グローリー夫人は家に帰って泣き崩れました。そしてグローリー夫妻は、これからも夫婦二人で家族を守っていこうと、互いに誓いました。

　シャーロットが子ども向けの人気番組に出演したときのように、家族にとって良いこともありました。そのために出演したわけではありませんが、一家はとても有名になり、グローリー夫妻が子どもたちを育てあげたことに、賛辞が送られました。

　家族の生活はあまりに多忙で慌ただしく、夫妻は自分たちの休息する時間が必要と考え、毎年9月に2週間ほど、子どもたちを預けて休暇をとりました。子どもたちがいないので大声を出す必要もなく、ゆっくり新聞を読んだり疲れを癒やしたりと、リラックスした時間を過ごすことができました。

　初めて子どもを残して出かけるときはとても辛かったそうですが、今ではその選択は正しかったと考えています。その経験から夫妻は、盲児を持つ親へのアドバイスとして、たまには家族と子育ての生活から離れる時間を夫婦でもち、リフレッシュしてまた、家族との充実した時間を過ごすことが大切であると話していました。

　夫妻は、このように家族と一定期間、離れて連絡を取らない機会をもつことも大切であると言っています。そうした時間と機会をもつことで、家族の在り方や状況が随分、変化したと語っています。夫妻は現在、なんとかここまで家族の生活を守ることができてよかったとしみじみ思い、今、健康で前向きな暮らしができていることに幸せを感じています。

＜新しい概念の学習＞

　両親は、子どもたちに身の回りの世界を、できる限り明確なイメージや概念として理解させたいと思っていました。例えば、風で倒れたに木を隅々まで触らせてみたり、木に登ってその大きさや枝ぶりを体感させたりしました。また、食卓に並ぶ野菜がどのように育ち、どこから来たかを知ることも、子どもたちにとって大切だと考えていました。一家は農村に住んでいたので、子どもたちを近所の畑に連れて行き、種まきから収穫までの間にどんなことが行われているかを体験させることもしました。

　一家はニワトリ、ヤギ、牛を飼っていたので、これらの動物に関することは容易に理解することができました。両親は、野生動物の生態を教えるために、子どもたちをよく砂丘に連れて行きました。うさぎの巣穴や隠れている場所、食べる植物なども教えました。時々、みんなで動物園にも行きました。両親は、象、猿、ワニなどの野生動物について、動物図鑑を読み聞かせながら、子どもたちに教えました。

どのようにして家が建てられるかを子どもたちに教えるため、父親は日曜日の朝、子どもたちを建築現場に連れて行ったこともあります。そこで子どもたちは、建物が建てられていく過程を確認し、やがてエコーロケーションを活用して建物の大きさを把握できるようになりました。建物の周囲を歩き回って足を踏み鳴らすことで、建物の大小を把握することができます。

　目の見えない人にとって、色は抽象的な難しい概念ですが、夫妻は色を物と結びつけて、より具体的に理解できるように工夫をしていました。

＜なじみのない環境の探索＞

　子どもたちは、小学校時代は盲学校の寄宿舎に入っていたので、両親は子どもたちが家に戻って来た時には本当に嬉しかったです。他人の家に行くことはあまりありませんでしたが、行ったときには、自分一人で新しい空間を探索させるようにしていました。探索するときに付き添いはせず、暖房器具にカバーをかけるといった配慮も、特にしませんでした。ただ、床の上に花瓶が置いてあるなど、何か危ないものがないかは確認しました。また、子どもたちから目を離さず、何か危険が起こりそうなときは、すぐに知らせました。

　家族みんなで休暇を過ごすようになったのは、イネケが12歳のときでした。キャンプは、キャンプ場のあちこちにテントのロープが張ってあったり、空間が広すぎて歩行時の基準点が作れなかったりするため、選択肢になりませんでした。だからいつも、バンガローやトレーラーハウスに泊まることにしていました。子どもたちは、今でもキャンプは好きではないようです。

＜日常生活動作の自立と家の環境の工夫＞

　グローリー夫妻に、どのように子どもたちの日常生活動作の自立を促したかを尋ねたところ、特別なことはしなかった、と話していました。慌ただしい生活の中で、そうせざるを得なかったのでしょう。意識して何かしたことはなく、成り行きのままに過ごしてきたそうです。

　目の見えない子どもの子育てにあたり、点字図書を収納する本棚を家の壁に作り付けました。点字図書はかさばるので、家のあちこちに本棚があります。それが、子どもたちのためにした、最大の家の改修です。また、グローリー夫人は、子どもたちと一緒に遊ぶゲームを、いくつか作りました。ひもとマッチ棒を使って、モノポリーやオランダ語版のトリビアル・パシュートゲーム（80年代に世界中で大ヒットした、クイズ形式のボードゲーム）を作りました。花を買うときには、子どもたちの好きそうな香りのものを選びました。イネケは、昔からヒヤシンスとフリージアが大好きです。

＜服の識別と服選び＞

　グローリー夫人は、子どもたちに洋服の違いをとてもわかりやすく説明していました。

　また、子どもたちに似合う色と似合わない色があることも、教えていました。あるシャツにはどのスカートやズボンが似合うかといったことも、きちんと伝えました。

　イネケ、バート、シャーロットの3人は、今でも洋服を買うときには、人の目を借りているそうです。バートは仕事柄、清潔感のある身だしなみを整える必要があるのですが、手助けしてくれるパートナーもいないため、母親が服を選んでくれています。また、何か特別な日に着る服も、アドバイスしてくれます。

図75
ラベル、留め金、裾が子どもたちに服の見分け方を教えてくれる

＜余暇活動＞

　子どもたちは皆スポーツに夢中でした。両親は、子どもたちを近くの海岸に連れて行き、ランニング大会などを開いていました。家族は2チームに分かれ、母親と父親がチームリーダーをします。子どもと両手をつないで、全力で早く走りました。ハイキングにも、何度か参加しました。父親はイネケとバートを連れて4キロ〜8キロのウォーキングに、母親がシャーロットとオロフを連れて2キロのウォーキングに参加しました。グローリー夫妻は、歩くのが好きです。毎年、4日間にわたって行われるナイメーヘンのウォーキングには、必ず参加しています。バートは、サンティアゴ・デ・コンポステーラへの道中で、その一部を歩いたこともあります。オロフは走ることが好きで、よくハーフマラソンに参加しています。イネケは、干潟ウォーキングとクロスカントリースキーが大好きです。

　父親は、タンデムではなく、別々の自転車でイネケをサイクリングに連れて行ったこともあります。これは、子どもたちが意欲的で、どんなことにも挑戦しようとする姿勢があったからこそできたことです。また、スケートにもチャレンジしました。近所の人が障害のある子どものためのスケート教室を開いてくれたのです。子どもたちは、最初はあまり乗り気ではありませんでしたが、とにかく行ってみることにしました。すると、子どもたちは怖がる様子もなく、おしゃべりしながらスケートを楽しんでいました。その様子を見て、主催者は彼らのことを好意的に受け入れてくれて、子どもたちは今でもスケートをしています。イネケは、ワイセンセーでのスケートツアーまで計画中です。

　音楽も、子どもたちの趣味のひとつです。子どもたちは、合唱団に所属していて、ピア

ノ、ギター、ビューグル（ラッパ）など、いろいろな楽器を演奏しています。点字の楽譜を読むのは簡単ではない分、演奏できるようになったときの達成感は格別でした。子どもたちは、今でも演奏することが好きですが、今ではすべて、暗譜で演奏しています。

盲学校と地元の学校の長期休暇が合わないときには、イネケとバートとシャーロットの三人は、喜んで友だちと地元の学校に行っていました。長い夏休みも、彼らは退屈することはありませんでした。家業の球根の皮むきの仕事にかり出されることも、しばしばありました。シャーロットはこの仕事をすることと、仕事で一緒になる若者たちと過ごすことを楽しみにしていましたが、他の兄弟はこの仕事があまり好きではなかったようです。

両親は毎日、外出の計画を立てていました。午後になると、ビーチやプールに行きました。子どもたちは、砂山をそりで滑ることも大好きでした。両親が、一人ずつ子どもをひざの上に乗せて、滑り降りるのです。冬の時期の短い休暇の時には、室内でクッキーを焼いたり、手芸をしたりして過ごしました。時には、アムステルダムに出かけていき、大きなデパートのおもちゃ売り場を見て回りました。子どもたちはそれが大好きでした。その時には、母親は必ず、店員さんに一声かけて許可を貰っていました。

子どもたちは成長すると、他の若者たちと同じように、長期休暇中にアルバイトをするようになりました。イネケは観光案内所で、バートは大きなデパートの放送案内のアルバイトをしていました。また、バートはガス会社に勤めていて、何かトラブルがあると修理業者に連絡したり、電話を取りついだりする仕事もしていました。その会社には、バートの他に、何人かの盲人が働いていました。

＜その他のアドバイス＞

楽しい活動

グローリー夫妻は、スポーツは子どもにとって最も楽しい活動のひとつだと考えています。運動不足だと何事にも億劫になりがちなので、子どもたちにはいつも積極的に運動するように勧めています。子どもたちは、点字の本を読んだり、録音図書を聞いたりすることも、楽しみのひとつでした。

寝室の装飾

子どもたちの寝室は、一般的な寝室と変わりありませんでした。イネケは自分の部屋に点字で書かれた格言で飾り、シャーロットはたくさんの可愛いおもちゃを持っていました。子どもたちは少し大きくなると、音楽を聴くオーディオを、それぞれ持つようになりました。

工作・手芸

母親は、工作・手芸の材料として貝殻やドライフラワーなど、触って楽しめる素材

を集めていたそうです。最近の手芸屋さんには、豊富な素材が揃っています。母親は、「お子さんたちはドイツ製のレーズライターを使用したことがありますか？」と尋ねられたとき、「子どもたちはレーズライターがあまり好きではなく、数学の授業中にのみ使用している。」と言っていました。

プレゼント

　グローリー夫妻は、毎年、アムステルダムのデパートへ出かけ、子どもたちにそれぞれ自分の好きなおもちゃを選ばせて買います。それは、子どもたちへの誕生日やクリスマスプレゼントになります。

第14章

視覚障害児の
子育てお役立ち情報

図76

14.1 はじめに

　この章では、本書のBパートにある実践的なヒントや提案、保護者の語りの中から、視覚障害児の子育てに役立つ情報を厳選して紹介します。まず、すべてに共通するのは、「恥ずかしがらない」ということです。面白い服を着ている人を見かけたら、その人に近づいて、子どもに触らせてみてもいいかどうか尋ねましょう。たいていの人は気にしませんし、子どもにとって教育的に意義のある経験となるでしょう。

14.2 触覚の開発と概念形成の発達を促す

＜素材の選択＞
　ベビーマットや、さまざまな触感の素材で作られたおもちゃは、触覚の開発を促してくれます。Haba社やLamaze社のようなおもちゃメーカーでもそうしたおもちゃがありますが、自分でオリジナルのおもちゃを作ることもできます。大きな手芸用品店や、そのお店のホームページを見ると、さまざまな素材を扱っています。木製の知育玩具の専門店は、その品質が素晴らしいだけでなく、多くの盲児が木の感触を好むため、とても魅力的な場所です。

＜触察ボックス＞
　「触察ボックス」（Touch and feel boxes：箱の中身を触って当てる遊び）には、布や栗、ドングリなど、いろいろな種類の素材を入れましょう。物によって触り心地が異なることを理解することができます。日常で使うもの（スプーン、コップ、歯ブラシなど）を入れても良いでしょう。

＜自分の手・足への気づき＞
　靴下に小さな鈴を付けたり、鈴の付いたブレスレットを盲乳児の手首に付けたりすることで、自分の手足の存在を意識するようになります。そうすると、盲乳児はそれに手を伸ばしたり、つかんだりするようになります。

＜触図の作成＞
　触図作成の用具（レーズライター）は、以前に比べると随分、改良がされて、子どもの小さな手でも触図が作成しやすくなりました。レーズライターで凸線を描く経験は、微細運動能力の発達を促すとともに、盲児の想像力を刺激します。小学校の教科学習では、細かい線画やグラフを描くために活用されます。タクタイルビュー（www.tactileview.com）とアメリカンプリンティングハウス（www.aph.org）では、点字プリンターを使用して、視覚的な図を浮き出させた線画に変換する方法を紹介しています。どのような図が点字印

刷に適しているかについては、早期療育指導員に相談してください。

＜食べ物を通した学び＞

　買ってきた食料品の整理は、空間認知能力を育むゲームにもなります。たとえば、「隣の棚には何があるかな？隣同士に並んでいる物はどれかな？縦に並んでいるのはどれかな？」といった具合に空間を触って確認しながら片付けをしてみましょう。特に盲児は、いつも自分が食べている物が皿の上に乗せられる前に、どこにしまってあったのかを教えると喜ぶでしょう。市場やスーパーマーケットは、さまざまな果物や野菜を発見するのに最適な場所です。お願いすれば、魚屋で魚を触らせてくれるかもしれません。

＜寝室の装飾＞

　ポスターの代わりに、立体的なディズニーのフィギュアを壁に飾ることもおすすめです。子どもたちは、自分の好きな小物を並べられる棚があると、大変喜びます。

14.3　遊び

＜安全と安心＞

　盲乳児を、マットの上でいろいろな姿勢をとらせて、遊ばせましょう。盲乳児は、何かで囲まれた閉じたスペースを好むので、クッションやおもちゃ、ベビーサークルなどを利用して、安心感の得られる空間にしましょう。

＜物が転がり落ちるのを防ぐ＞

　机の上からおもちゃが転がり落ちてしまうのは、盲児にとってとても困ることです。おもちゃや工作の材料が落ちないように、机の縁に帯状の木材を貼りつけて、机上面を枠で囲むと良いでしょう。コンテナやふちが高い（深い）トレイも便利です。合板でトレイを自作したり、隙間テープで机の縁に立ち上がりをつけたりすることもできます。滑り止めシートも、おもちゃが滑り落ちるのを防いでくれます。滑り止めシートは、家で使うだけでなく、友人の家に遊びに行くときにも便利です。

＜手拭きの活用＞

　盲児は、糊などのベタベタした物が手に付くことを嫌がるので、工作などの活動の際には、あらかじめ手拭きを準備しておきましょう。

＜古いカーテンやカーペットで遊ぶ＞

　古くて使わなくなった布は、素敵な遊び道具になります。たとえば、使わなくなったカーテンに子どもを乗せて、部屋中を引っ張って回りましょう。姿勢をさまざまに変えてみる

のも面白いです。カーペットは、立派なテント代わりになり、その中に出たり入ったりすることで、盲児は自分の身体の大きさを体感することができます。布を使って、いろいろな想像力豊かな遊びを考案することができます（パートBの第8章を参照）。

14.4　余暇活動

＜課外活動＞

　盲児に適した課外活動としては、幼児や就学前児のための体操、ダンス、スカウトクラブ、スケート、音楽教室、チェスクラブなどが挙げられます。

＜自宅での遊び＞

　遊びの際に汚れても気にしない古着の服は、どこででも手に入ります。グリースペイント（顔に描ける絵具）のメークアップは、羽やマカロニ、スパンコールなどを、肌用の接着剤を使って貼り付けることで、盲児が触って楽しめるようになります。

＜休日のイベント＞

　国によっては、休日に視覚障害者向けのイベントを企画する団体があります。

＜香りと味覚＞

　視覚障害者のために、花の香りや果実の味などを体験することのできる公園もあります。インターネットで、近くにそうした公園がないか、検索してみましょう。

＜動物園と子ども農場＞

　一部の動物園によっては、動物の実物大の模型やはく製のコレクションがあり、直に動物を体感できます。もちろん、本物の動物を触ることはさらにわくわくする体験です。事前にお願いすれば可能な動物園もあるので、近くの動物園に問い合わせてみましょう。

＜お散歩＞

　子どもと散歩に出かけた時には、葉っぱやどんぐり、栗、そして小さな石など、自然のものを集めてみましょう。家に持ち帰ってじっくりと観察し、ノートに貼り付けてみてはどうでしょう。そのようにして、散歩中に起こったことや、見つけた物に関するストーリーブックを作成するのです。木に登ったり、倒れた木を触ってみたりしてその高さを感じるのも、とてもわくわくします。また、ビーチに行けば、一緒に走ったり、浜辺で転がって遊んだりすることができます。ウサギの巣穴や地面の窪み、植物を探してみても楽しいでしょう。

<おすすめのお出かけ場所>

　建築現場に定期的に行ってみると、子どもたちは家がどのように建てられるかがわかるでしょう。ホームセンターは、工具や屋根瓦、釘、そしていろいろな形の便器などを知るのに、最適な場所です。楽器屋さんに行くのもおすすめです。楽器を触らせてもらえるように、お店の人に頼んでみましょう。

<思い出の品々>

　赤ちゃんの時に着ていた洋服や使っていたおもちゃなど、思い出の品々を、「触察ボックス」（touch and feel box）に入れましょう。盲児にとってそれが写真やアルバムの代わりになるのです。

14.5　日常生活動作の獲得を促す

<注ぐ>

　コップに指を入れ、指に触れるまで液体を注ぐように伝えます。注ぎ方を練習するために、台所や洗面器、深皿などを使いましょう。液面計（液体レベルインジケーター）は、コップにクリップで留めることができ、満杯になると「ピー！」というビープ音で知らせてくれる優れものです。以下のホームページから購入できます（www.independantliving.com、www.rnib.co.uk）。

<家電製品の操作>

　小さな円形の凸シール（Bump-ons）を家電のスイッチなどに目印として貼り付けると、設定や機能を触って確認することができます。日本では日本点字図書館で入手でき、ホームセンターなどでも類似のものがあります。

<衣服の着脱と衣服の見分け方>

　衣服を脱ぎ着するときは、ベッドに座るか、ベッドの前に小さな椅子を用意し、それに座ると、スムーズにできます。服は、ベッドの上に、そのまま着ることのできる向きに広げて置きましょう。小学生以上であれば、ラベルリーダー（ラベルごとに音声を記録し、ペンをラベルに当てると音声が再生されるもの）を使って服を識別できるようになります。また、チャックの持ち手にビーズや紐をつけると、見つけやすくなります。サテンやシルクの羽毛布団カバーやパジャマは、とても触り心地が良いので、実際にお店に行って本人に生地を触らせてみましょう。

<周りから認識してもらう方法>

　外出の時には、白杖を持たせたり、音声信号の押しボタンを活用させたり、蛍光ピンク

のベスト（自転車店やIKEAで入手できます）に「私は目が不自由です」と書き足したものを着させたりすると、活動の幅が広がります。周りの子どもたちは、たとえその文字が読めなくても「何か配慮が必要だ」と察し、ぶつからないように距離を保ったり、親に説明してもらったりしながら、視覚障害児の存在に気付いていきます。

＜引っ越し＞

　引っ越しをするときには、盲幼児であれば、レゴやプレーモービルを活用して、あらかじめ新しい家の配置を説明しましょう。触図を理解できる子どもには、立体コピーでできた家の配置図を用意します。

第15章
参考文献

15.1　ウェブサイト

＜おもちゃ＞

www.rainbowtrampolines.nl：幼児向けのトランポリン

www.toys42hands.nl：両手の協応を促すおもちゃ

＜おしゃべり絵本＞

いろいろなおしゃべり絵本があります。書店やインターネットから入手可能です。

＜触る絵本＞

RNIB　www.rnib.org.uk　英国

APH　www.aph.org　アメリカ

Les Doigts QuiRêvent　www.ldqr.org　フランス

Libri Tattili Pro Ciechi　www.libritattili.prociechi.it　イタリア

15.2　視覚障害児の親のための本

英語の本ですが、以下のような保護者向けの本もあります。

・『Children with visual impairments, A parents' guide』

（視覚障害のある子ども、両親のガイド）

編者　M. Cay Holbrook

・『Playing is growing』（遊びは成長である）

　著者：Royal Dutch Visio（弱視と全盲の人々のためのオランダの専門家センター、www.visio.org）

　この本は、盲児と弱視児の遊びの発達におけるさまざまな段階を説明しています。

・『Langage Flottant』

　著者：Clara Linders　Les Doigt QuiRêvent　www.ldqr.org で入手できます。

　クララリンダース、www.visio.org

第16章
用語集

・**Conceptualisation　概念化**

　周囲の世界の心的イメージを形成し、それを説明する言葉を獲得することをさします。

・**Fixating hand　固定手**

　両手の協応の動作中に物を固定する手。「supporting hand」（補助手）とも呼ばれます（例えば紙をはさみで切るときの紙を持つ方の手）。

・**Floating language　フローティング言語**

　十分な情報が得られていないために、概念の意味を間違ってとらえてしまっていること。盲児の「verbalism（バーバリズム：唯言葉主義）」とも呼ばれます。

・**Haptic　ハプティック**

　触運動感覚。触覚で対象や形を捉えること。

・**Manipulating　手指操作**

　細かい指先の動きを伴って、両手で物を扱うこと。

・**Midline　正中線**

　鼻からへそへとまっすぐ通っている、体を2等分する線。

・Proprioception　固有感覚

　筋肉、腱および靭帯からの情報から感じられる深部感覚。

・Reference point　基準点

　盲児が両手で何かを操作するとき、位置・方向を把握するための指標・基準となる場所。空間における相対的な位置関係を把握する目安となる基準点。

・Sequential perception　継時的知覚

　部分部分から順に入力される情報を捉えること。触覚の情報入力の特性で、視覚は同時的知覚である。

・Stereognosis　立体認識

　両手で事物を探索することによって、対象の立体的な全体像を認識する能力。

・Tactile defensiveness　触覚防御

　触ることに対する過敏な反応。触覚防御に苦しむ盲児は触れられることを好まず、触るという行為も避けやすい。

・Tactual language　触覚語

　触覚で捉えた状態を表す言葉（たとえば、「波打つ」、「四角い」など）。

・Touch strategy　触察方略

　できる限り、効率的に触察する方法。

・Visualise　視覚化

　言葉による説明や、記憶に基づいて、心の中で視覚的にイメージすること。

付録

触覚でゲームを
楽しむための工夫

＜農場ゲームのルール＞

　農場ゲーム（写真は 8.3 参照）は、すごろくを触覚で楽しめるようにした、手作りゲームです。ゲームのテーマを盲児の興味・関心に応じて変えることもよいでしょう。たとえば、「お店でお買い物ゲーム」、「公園のお散歩ゲーム」、「おとぎ話の森」といったテーマです。

ルールは、以下の通りです。
* 最年少のプレーヤーから、ゲームを始めます。
* サイコロを振り、すでに誰かがいるマスに来たときには、その直前のマスで止まります。
* 青いマスに止まった場合、何か課題が出され、それをしなくてはいけません。
* クエスチョンマークのサイの目が出た場合、プレーヤーは積み重ねたクエスチョンカードを取り、その質問に答えなければなりません。質問に正解すると、サイコロをもう一度振ることができ、カードももらえます。答えを間違えた場合、カードの山の一番下にカードを戻さなければなりません。
* 一番最初にゴールしたプレーヤーには、10 点が与えられます。2 人目は 5 点、3 人目は 4 点、4 人目は 0 点です。
* クエスチョンカードは、1 枚につき 2 点が加算されます。
* 最も多くのポイントを獲得したプレイヤーの勝ちです。

● マスごとに、以下のような指示内容があります。

　①とても良い：牛の乳搾りを手伝った。もう一度サイコロを転がす！

　②駆け足で：２マス進む

　③ああ、あなたは豚の泥池に落ちました。シャワーを浴びるために１回休み。

　④ぐずぐずしないで：２マス進む

　⑤トラクターが壊れて新しいタイヤが必要です。ガレージに入れるため１回休み。

　⑥空腹のガチョウにパンをあげた。ありがとう！ サイコロを再び振ることができます。

　⑦友人を待つことはどれほど素晴らしいことか。友人を待ちましょう。友人があなたのマスに到着するか、あなたを追い越したら、再び進むことができます。

　⑧農家の人がジャガイモを入れるのを手伝いました。ありがとう！ ２マス進む。

　⑨干し草の山で眠ってしまった！ １回休み。

　⑪素敵です！卵を見つけてオムレツを食べました。十分なエネルギーがとれて２マス進む！

（アイデアと説明：Els Smith、Royal Dutch Visio）

● ガチョウのボードゲームの作り方

　＊木の板にボトルのキャップを取り付けて、ルートを作ります。

　＊ルートを赤く塗ります。

　＊ルートに沿って、両面テープで人工芝を敷きます。

　＊池とジャガイモ畑、泥池、切り刻んだ紙で干し草の山を作ります。

　＊おもちゃ屋で動物や木のフィギュアを購入します。

　＊ボードにフィギュアを接着します。

　＊すべてのコマに、特徴的な異なる触感の素材をつけます。

　＊凸点のシールと触ってわかるクエスチョンマークを、サイコロに接着します。

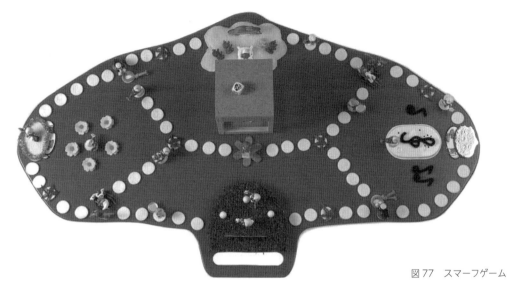

図77　スマーフゲーム

＜スマーフゲームのルール＞

スマーフゲーム（写真は 8.3 参照）の目標は、できるだけ多くのスマーフたちを獲得し、家が安全になるようにすることです。最もスマーフを守ったプレイヤーが勝ちます。

* スマーフは、漫画に登場する架空の種族。青色の肌と丸い鼻を持つ小さな妖精。
* ボードの真ん中にある、魔法使いガーガメルの檻にスマーフを入れます。
* 全員、自分用のキノコの家を選びます。
* 最年少のプレーヤーから始めます。
* スマーフたちは、ガーガメルの檻の片方からだけ、出ることができます。最初のマスは、花です。
* プレイヤーは、サイコロの数字に従ってスマーフを動かします。マスがすでに占有されている場合は、次のマスに進みます。
* すべてのプレイヤーが、すべてのスマーフを動かすことができます。できるだけ多くのスマーフを自分の家の中に入れて、獲得した人数を競います。
* スマーフを自分の家の中に入れるためには、プレイヤーは、スマーフと家の間のマスの数か、それ以上の数字のサイの目を出さなければなりません。
* スマーフが家の中に一度入ったら、他のプレイヤーはそのスマーフに触れることはできません。
* 1 のサイの目が出たときは、プレーヤーはスマーフの質問に答えなければなりません。正解すれば、サイコロをもう一度振ることができます。

スマーフたちは、途中で多くのさまざまな困難に遭遇します。
　* サルサパリラの葉：これはスマーフたちの大好きなお菓子です。サイコロをもう一

度振ります。

＊縄：ガーガメルに再び捕まってしまいました。ケージに戻ります。

＊罠：アズラエルの罠に巻き込まれました。他のプレイヤーの1人が6を出した場合にのみ、脱出できます。

一番多くのスマーフを持っているプレイヤーが勝者です。スマーフを楽しみましょう！

●スマーフボードゲームを作成するために必要な材料

木の板

ペイント

スマーフの人形

木製の檻：これは自分で作ることができます。

きのこの家：自分で作ることができます。

花：手芸店で購入できます。

（アイデアと説明：Els Smith、Royal Dutch Visio）

監訳者あとがき

視覚は「一目瞭然」で外界を知り、子どもは意図せずとも自然とさまざまな情報を得て、その膨大な体験とイメージ（表象）に基づいて概念を形成していきます。一方、触覚の世界は一度に把握できる範囲は狭く、情報は部分的で継時的に入力されます。盲児は直接体験に制限があり、指先から得られるその限られた視覚とは全く異なる情報に基づく体験からイメージ化するため、概念の獲得に独自性とさまざまな困難があります。また、触覚は意図的・能動的に外界を探索をしなければ情報を得ることができないという特性を持っています。

私はそうした指先を目として学ぶ盲児の世界の心理学的理解と、その思考と概念形成の発達過程に30年以上にわたり関心を寄せてきましたが、同じように視覚障害児の触覚機能について研究をされているアンス・ウィザーゲン先生の存在を知り、つたない英文でメールをしたのは2019年5月でした。その日のうちに（8時間後には！）アンス先生から返信があり、互いを知るやりとりの中で本書の原本『In Touch, Helping your blind child discover the world』も送ってくださいました。一見して翻訳をしたいと考え、そのことをお伝えすると快く了解してくださいました。鏡に映すように同じ思いを持ち精力的に研究をされているアンス先生との出会いによって私は、これまでの自身の歩みが確かに間違いではなかったことを確信し、これから歩む時間への道標を思い描くことができました。心より深く感謝申し上げます。

当初、私は「このような本をいつか執筆したいが、翻訳した方が執筆するより早い」と思って翻訳を進めてきました。翻訳を終えた今、それは教員として日々、盲児に接する経験のない私にはできないことであったと思っています。アンス先生の盲学校教師として歩んでこられたその時間・経験と心理学者としての科学的視点から触って学ぶ世界を深く平易に記したという点で、本書は唯一無二ではないかと思います。最終的に翻訳を許可いただいたRoyal Dutch Visioの教育部門のディレクター、マルセル・ヤンセン（Marcel Janssen）先生、本当にありがとうございました。夕食をご一緒して食べた貝が美味しかったです。

そのアンス先生の存在を知るきっかけとなったのは、2018年3月に筑波大学東京キャンパスで開催された「盲ろう教育ネットワーク21企画 教育講演会」でご講演をされた、オランダのフローニンゲン大学、マーリーン・ヤンセン（Marleen J. Janssen）先生との出会いに遡ります。講演の休み時間に監訳者の福田奏子さんの開発した触覚に依拠した教具について私と福田さんで意見交換をした際に、オランダに同じような研究をされている方がいると教えていただきました。その時は結局、ヤンセン先生の発音を私が（何度も聞き返しても）聞き取ることができず、お名前がわからずあきらめていました。半年以上たってからと思いますが、筑波大学の博士課程の修了生で明治学院大学で視覚障害教育を教えておられる半田こずえさんにその話題をふとしたところ、国際学会でアンス先生がよく発表や講演をされていることをご存じで、いろいろと調べてくださりアンス先生の名前を特定してくださいました。ヤンセン先生、ヤンセン先生の日本での講演会を企画し参加させてくださった宮城教育大学の菅井裕行先生、半田こずえさんがいなければ辿りつけなかった翻訳への路でした。記して感謝申し上げます。

事前にアンス先生は写真など含めて全てのデータを送ってくださり、それらをもとに翻訳メンバーの福田さん、二宮一水さん、戸嶋純那さんが英文のテキスト化や下訳をした上で、日本人では理解が難しい内容・用語を直接アンス先生にうかがうために洗い出し、2019年9月に訪蘭しました。フライトは2019年9月9日、千葉県を中心に甚大な被害の出た、あの台風15号が猛威を振るう暴風の余韻の残る朝でした。成田空港への全ての交通機関は止まり、信号は灯らず、所々に倒木や傾い

た電柱を見かける中、2時間遅れのフライトに奇跡的に間に合ったこの時ばかりは、自身の生きる力に感謝でした。オランダでは、アンス先生がご夫婦で日本の天気図とフライト情報を見ながら気にかけてくださったとのことでした。翻訳を統括してくださった二宮さんと戸嶋さんは訪蘭前の準備から分担翻訳者の内容を最終的に一つ一つ用語を確認し統一する役割など、膨大な実務を担い、お二人の時間をこのために注いでくださいました。二宮さんには、分担翻訳者とのやりとりをスムーズに進めるために、slack を作成し管理もしていただきました。翻訳開始当時、二宮さんは博士後期課程1年、戸嶋さんは前期課程1年でした。お二人の在学中の出版が叶わなかったのは、ひとえに私の責任です。4年以上の期間には、私から全く音沙汰がなく、突然思いついたように私が作業をお願いをすることもしばしばでした。お二人はいつも二つ返事ですぐに対応してくださり、私の多くの見落としも全て確実にすくい上げてくださいました。訪蘭から翻訳まで長い時間を共有しました。本当にありがとうございました。

　本格的な翻訳作業は研究室の卒業生・修了生の現職教員の阪本悠香さん、長央さん、井上亜紀さん、高橋琴絵さん、池永陶子さん、岡宮彩奈さん、慶徳沙彩さんが分担して 2019 年の秋から冬に行いました。年が明けてからも阪本さん、長さん、池永さんには、仕事のある中、休日に茗荷谷の研究室に足を運んでいただき、日本語の表現の統一などの作業を担っていただきました。筑波大学障害科学類で学び、志を共にし、視覚障害教育の未来を支えるおおむね 20 代の皆さんの協力と存在が、ここに辿り着く原動力と励みになりました。感謝。感謝。

　また、岩田恵実さんには最終段階で、大学院在学中に二宮さん、戸嶋さんとともに細かい確認の作業をお手伝いいただき、ありがとうございました。以下に分担を記しました。

統括翻訳　　　　二宮（1・2・6・8・9・10・13章，付録）
　　　　　　　　戸嶋（3・5・9・10・11・12・14・15・16章）

分担翻訳　1章　福田・二宮　　　　7章　福田・長・岩田　　　13章　二宮・福田
　　　　　2章　二宮・岡宮・長　　8章　二宮・阪本　　　　　14章　戸嶋・慶徳
　　　　　3章　戸嶋・高橋・井上　9章　戸嶋・福田・二宮　　15章　福田・戸嶋
　　　　　4章　福田・岡宮　　　　10章　戸嶋・福田・二宮　　16章　福田・戸嶋
　　　　　5章　戸嶋・池永・阪本　11章　福田・戸嶋　　　　　付録　二宮・福田
　　　　　6章　福田・慶徳・二宮　12章　福田・戸嶋

　最後に、この本の良さを即座に理解してくださり、翻訳を応援し心ながくお待ちいただいたジアース教育新社の加藤勝博社長、全文の細かい用語や表現まで一字一句確認いただき、原本のイメージ通りにレイアウトし、原稿をお渡しして半年余りという強行スケジュールで出版を実現してくださった舘野孝之編集部長、春原雅彦様に、この場を借りてお礼を申し上げます。

2023 年 11 月　　佐島　毅（筑波大学）

In Touch,Helping your blind child discover the world
by Ans Withagen,Lieke Heins,Anneke Blok,Anneke Betten,Annelies Buurmeijer,Monique Mul,Lilian Oosterlaak
©2010 Royal Dutch Visio, Centre of Expertise for blind and partially sighted people,Huizen
Photography：Reinier Pos, Xsites BV, Bert Janssen
Lay out：Makes Sense Design

本書では、「子ども」や「彼」などを男女の区別なく使っています。また、両親という言葉は、両親でない養育者のことも指します。乳児、幼児、就学前児、小学生、思春期という言葉は、年齢や状況に応じて使い分けられます。この用語は、男女を問いません。

「盲児」とは、視覚障害があり、日常生活で視覚を活用することができないか、ごくわずかしか活用できない子どものことを指しています。つまり、触覚など、視覚以外の感覚で世界を発見していく子どもたちです。この本に登場する盲児の中には、動きや色を見たり、明暗を区別したりすることができる子どももいます。

【協　力】

統括翻訳　二宮一水（大田区立入新井第一小学校）
　　　　　戸嶋純那（愛媛県立松山盲学校）

分担翻訳　阪本悠香（筑波大学附属視覚特別支援学校）　　長　　央（葛飾区立住吉小学校）
　　　　　井上亜紀（山形県立盲学校）　　　　　　　　　高橋琴絵（茨城県立つくば特別支援学校）
　　　　　池永陶子（千葉県立千葉盲学校）　　　　　　　岡宮彩奈（筑波大学附属視覚特別支援学校）
　　　　　慶徳沙彩（東京都立葛飾盲学校）
　　　　　岩田恵実（東京都立久我山青光学園）

In Touch 触って学ぶ
目の見えない子どもが世界を発見するために

2023 年 12 月 13 日　初版第 1 刷発行

■著　　　作　　アンス・ウィザーゲン、リーケ・ハインズ、アンネケ・ブロク、
　　　　　　　　アンネケ・ベッテン、アネリーズ・ブルマイヤー、
　　　　　　　　モニーク・ムル、リリアン・オステルラーク
■監　　　訳　　佐島　毅、福田奏子
■発　行　人　　加藤勝博
■発　行　所　　株式会社　ジアース教育新社
　　　　　　　　〒 101-0054　東京都千代田区神田錦町 1-23　宗保第 2 ビル
　　　　　　　　TEL：03-5282-7183　FAX：03-5282-7892
　　　　　　　　E-mail：info@kyoikushinsha.co.jp
　　　　　　　　URL：https://www.kyoikushinsha.co.jp/

■デザイン・DTP　小林峰子
■印刷・製本　　三美印刷株式会社

Printed in Japan
ISBN 978-4-86371-674-2
定価は表紙に表示してあります。
乱丁・落丁はお取り替えいたします。（禁無断転載）

●テキストデータの提供について
　視覚障害などの理由により本書をお読みになれない方へ、本書のテキストデータを提供いたします。官製はがきに左下の引換券（コピー不可）を添付し、お名前、ご住所、電話番号、メールアドレスを記載のうえ、（株）ジアース教育新社　In Touch テキストデータ係にお申し込みください。お知らせいただいたメールアドレスにテキストデータを添付してお送りいたします。

テキストデータ
In Touch
引換券　初版 1 刷